回顧録

松江市政20年

歴史と文化、水辺を活かしたまちづくり

松浦正敬（松江市長室にて）

初登庁　平成12年（2000）6月

文化審議会が松江城天守の国宝指定を答申　平成27年（2015）5月

松江市・鹿島町・島根町・美保関町・八雲村・玉湯町・宍道町・八東町
合併協定調印式　平成16年（2004）3月

松江市・東出雲町合併協定調印式　平成22年（2010）8月

松江歴史館起工式　平成21年(2009)1月

中核市「松江」誕生　平成30年(2018)4月

目次

回顧録　松江市政20年

はじめに

市長を退任して1年ほど過ぎたころ、市史編纂関係者の方々から、回顧録を書いてみないか、というお誘いがありました。これから無為に毎日を過ごし人生の最後を迎えるのも寂しい限りだ、などと漠然と考えていたところでしたので、20年10か月の市長生活で思いつく出来事を書き残し、それが私の生き方にどんな影響を与えてくれたのかを思い返してみるのもいいかもしれない、すこしでも気持ちを充実させることができるかもしれないと考え、回顧録を書いてみようと思いました。

書いていくうち、妙なことに気が付きました。それは、私の思いや感情は書けるけれども、事実関係はほとんど書けないということです。例えば、合併でも、合併協議会での町村側の委員の敵対意識などは肌で感じますが、事務局の職員がどのようなシナリオを描いて職員同士での議論をしているかといったことはわかりません。ですから、ビビッドに書けるのは合併方式を巡っての感情的なやり取りですが、合併協定書の大半は使用料などの調整方法など合併後の事務的な姿で、これなどは、私が折衝をしていませんので書きようがありません。したがって、合併の項目は全体の姿は全く反映していません。国宝化でも実際私は何もしていません。たくさんの方々の働きの積み重ねによって国宝化は実現したものです。しかし、国宝化が実現した当時の市長として何もしなかったのに実現したとは書きたくないので、国宝化運動に踏み切ったとか、歴史に興味のない市長だったら実現できなかったかもしれないと書かせてもらいました。

何が言いたいかというと、市長の役割は1から10まで隅々に至るまで関与できるものではなく、大きな方向性を示すとか、自分の思いを職員や関係者ににじませるといった程度のことしかできないのではないかということです。あまり深く関与すると、途中で挫折したり、誰もついてこなかったりといった弊害が出てしまいます。怠けていると思われるかもしれませんが、物理的な苦労はみんなで分かち合うことも大事ではないかと思います。ですから、苦手な分野はあまり出しゃばらず、職員や関係者の意見に従うことも処世術ではないかと思います。すべてに100点満点を取ろうとしないことも大事だということを学びました。

市長生活ではもっと様々なことがありましたし、皆さん方から見ればどうしてこのことを書かないのかという疑問を抱かれるかと思いますが、自分で感じたことを書いたものであることをご理解いただきたいと思います。大半が、事実の羅列ではなく、私の偽りのない思いや感情を表現したものです。したがって、感情が高ぶって、一部きつい表現になっているところもあるかと思いますが、どうかお許しをいただきたいと思います。

松江市長就任

平成12年（２０００）６月18日、私は第12代松江市長に就任しました。以来、令和３年（２０２１）４月24日まで、６期20年10か月、初代福岡市長に次ぐ期間、市長を務めさせていただきました。こんなに長期間市長を務めさせていただいたこと、大変名誉なことと思っています。しかし、私的には、平成13年（２００１）に父が、平成27年（２０１５）に母が、平成29年（２０１７）に妻が亡くなり、気が付けば私一人になってしまいました。かけがえのない人たちの犠牲との引き換えの市長職でもありました。

私の家は18世紀の初めから続く家で、私で10代目となります。婿養子をとるなどして３００年以上をつないできたものです。父も婿養子、子供も４人目でやっと男の子（私）が生まれました。そういうわけで、私は家を継ぐように子供のころから育てられ、私もそうすることが自分の義務だと思ってきました。自治省に入った理由も、地方勤務が多いのでいずれ地元に帰ることができるのではないか、と考えたためでした。

松江市長に就任することになった選挙は、宮岡寿雄前市長の逝去によるものでした。もともと地元に帰りたいと思っていた私でしたから、念願がかなったわけですが、松江市長が究極の目標ではありませんでした。その頃は、知事になりたかったというのが本音でした。いろいろ理由はありますが、知事は市長に比べ、権限、財源、管轄範囲が大きく、影響が大きな仕事ができること、県民、市民からも市長よりも上とみられていること、マスコミなどでも取り上げられることがはるかに多いことなどがあげられます。一方、県と市の仕事を比較すると、県の相手は市町村の職員であるのに対し、市は市民、様々な意見を持つ有権者である市民です。県には市から法令にのっとり整理された意見が上がってくるのに対し、市には様々な立場からの意見が上がり、それを市自身で整理しなければいけません。市の仕事は、県に比べ市民に近い位置にあることから難しいのです。苦労が多い割には報われないのが市長です。また、私が生まれ育ったのは松江ではなく、玉湯ですので、松江のことをあまりよく知らなかったし、最初はそれほど愛着も深くはなかったように思います。

地方自治法では、市は基礎自治体とされ、原則としてあらゆる分野の権限を有するものとされているのに対し、県はそれを補完する広域自治体とされています。しかし、現実には先に述べた状態であり、法律により権限、財源が県に吸い上げられています。こうした状態を是正し自治法の原則に戻すことが地方分権なのです。私は自治省で地方分権を担当していましたが、それなのに、その本人が県と市町村を上記のような気持ちで見ている、このことが地方分権が進まない最大かつ根本の理由なのかもしれません。

それはともかくとして、市長に就任した以上、様々な意見を持つ市民の皆さんに、どうしたら私の市政に協力していただけるか、それが悩みでした。言い換えれば私の市政をどうしたら信頼してもらえるか、興味を持ってもらえるか、ということです。

そこで考えたのが「リサイクル」、ごみ問題でした。ごみは毎日出てくる身近な存在です。このごみも市民一人一人のちょっとした努力、例えば水切り、リサイクルなどで減らし、これまでもきれいなまちと言われてきた松江を、さらにきれいにすることができます。江戸時代の松江は完璧なリサイクル都市でした。当時の人にできて、今の私たちにできないことはない。市民の参加協力によりごみの減量化が進めば、さらなる市民の参加協力が得られる。こうした成功体験を契機として私の市政に信頼をしてもらえることになる。

そう考え、ごみ減量化を推進し、一定の成果を上げることはできました。私の市政に対する信頼をどれだけいただけたかは分りませんが・・・。

ただ、今考えれば、それは頭の中での考えだったように思います。市民を自分勝手な存在と考え、自分が前面に出るのは大変なので、私の市政ということで職員にやってもらう、汗をかいてもらうということだったように思います。市政への信頼というきれいごとではなく、もっと市民の中に出て自分という人間を知ってもらい信頼してもらう努力をすればよかったと、今になってみれば思います。しかし、自分に自信の持てない私にとっては、それが一番苦手とするところです。だから私は市長には向いていなかったかもしれません。最後まで役人臭さが抜けきらなかったかもしれません。また、地方分権を実現するためにも、国や県に要求したり頭で考えるだけではなく、市民の中に入って市民が願っていることは何なのかを肌で感得することが肝だと痛感しています。いずれにしても市長は先頭に立って職員、市民を引っ張っていくことが大切です。私が市長に就任した時、手放しで喜べなかったのは、こうしたリーダーシップが苦手な自分の性格を薄々感じていたからでした。

6.18
市長選
市議補選

市長に松浦正敬《まつうらまさたか》氏が当選

宮岡寿雄前市長の死去に伴う松江市長選挙は６月１８日に投票が行われ、即日開票の結果、無所属新人の松浦正敬氏が４８，８２０票を獲得して当選されました。
また、松江市議会議員補欠選挙も同日投・開票が行われ、３人の新市議会議員が決まりました。

就任にあたって

松江市長　松浦正敬

このたび市民の皆さまの負託を得まして、市政の重責を担うことになりました。

私は、宍道湖や松江城に代表される自然・歴史・文化や静かな佇まい、〝もてなしの心〟を持つ市民性など他都市にはない松江市の優れた特性を大切にし、これらをあらゆる行政分野に活かしたまちづくりを進めたいと考えております。

まず第一点目として、宮岡市政を継承し、現場主義を旨としてそこからヒントを得、具体的な施策に反映させていきたいと思います。

第二点目に、都市基盤の整備が急務であると思います。特に下水道の早期整備など国際文化観光都市にふさわしい基盤整備を図ってまいります。

第三点目に、介護保険の安定的運営はもとより、生涯にわたる健康づくり事業を全市に広め、元気で自立した高齢期を送ることができる高齢者対策を実施してまいります。

第四点目に、松江らしさを活かしたまちづくりを通して、さらなる松江の活性化をめざします。魅力的な松江の素材を活かした景観の創造、新たな観光事業の創出で国内外からの観光客を呼び込み、交流人口を増大させていきたいと思います。

第五点目として、人材育成が必要です。本市の自然や環境、水の都と称される水の問題、歴史や伝統・文化などを幼いころから子どもたちの教育素材に取り入れてもらい、松江に誇りと自信を持ってもらえるようにしたいと思います。

第六点目に、行政基盤の確立が重要であると思います。厳しい財政状況の中、しっかりとした中期財政計画を立て行政評価手法なども取り入れて、積極的に行政改革を推進してまいります。

第七点目に、これからは地方分権、即ち教科書のない時代ですので、タウンミーティングやインターネットを使った市民との意見交換によって相互に理解を深め、市民の皆さまとともに手づくりのまちづくりを行いたいと考えております。

第八点目として、市町村合併を積極的に進めたいと思います。そのためにも基盤整備を進めて活性化を図り、松江と合併して良かったと思われるような魅力的なまちづくりを進めていくことが必要です。

また、私の就任前からの懸案でありました中海干拓本庄工区、市立病院移転新築につきましては、過去の経過を踏まえて多角的に吟味・検討し、関係者の意見を伺ったうえで判断したいと考えております。

このように、多くの解決すべき問題もありますが、勇気をもって決断してまいります。

そして私は、市民のみなさんが元気と誇りをもてるよう『快適で美しい』『人にやさしく住みよい』『いきいきと力強い』をキーワードに、これまでの地方行政や地域振興の経験を活かし、松江の活性化に努めてまいる決意ですので、ご協力を賜りますようよろしくお願い申し上げます。

市長当選を伝える市報　（市報 平成12年（2000）8月号より）

新市長所信表明　（市報 平成12年（2000）6月号より）

市政意見箱

市政意見箱設置の趣旨

このページでは、市政の課題などについてテーマを掲げて、市民の皆さまから率直なご意見をお聞きし、これを定期的にご紹介させていただきます。ご紹介したご意見を見られました別の市民の方が、さらにご意見をお寄せいただくことにより、市民相互の意見交換を図ってまいります。

お寄せいただいたご意見は、松江市の市民による手づくりのまちづくりを進める上で、参考にさせていただきます。

市民の皆さまからのたくさんのご意見をお待ちいたしております。

ご利用される方へのお願い

このページから皆さまよりお寄せいただいたご意見は、全て公開を前提といたしております。内容がプライバシーを侵害するおそれのあるものや、公序良俗に反するもの及び営利活動に関するものなどはご遠慮ください。万一、上記の内容に該当するものが寄せられた場合は、その一部または全部についてご紹介いたしませんのでご了承ください。

市政に対する意見交換のホームページ

「市政意見箱」

あらかじめ決められた「テーマ」を設定し、それについて市民の皆さんに自由にご意見を出し合っていただき、一緒に手づくりのまちづくりを進めていくものです。第1回目のテーマは「**ごみ問題とリサイクル**」と「**保健医療福祉ゾーンと田和山遺跡の調和のとれた整備**」です。

ホームページアドレス http://www.web-sanin.co.jp/matsue/iken.htm

市政意見箱開設　(市報 平成12年(2000)11月号より)

宍道湖周辺一斉清掃
(市報 平成13年(2001)8月号より)

新春座談会　リサイクル都市
日本一をめざして
(市報 平成14年(2002)1月号より)

市長就任時の課題

前市長が急逝されたため、市長就任時には課題が山積していました。最大の課題は、「市立病院の移転新築問題」でした。市立病院は建設後50年以上たっており、石倉市長時代に購入していた市の南郊外の田和山とその周辺の農地に移転新設することが宮岡前市長の時代に決まっていました。ところが、田和山に三重の環濠が見つかり、私が就任した時には反対運動が考古学者を中心に起こっていました。市は、田和山を取り崩す代わりに記録保存することを提案していましたが、納得されませんでした。

私は取り崩すことと保存することを比較したとき、決め手になるのは遺跡の価値、人の命を救う病院建設を否定してでも守るだけの価値があるものなのかだと考えました。人の命に勝るものはない、という気持ちがありました。しかし、これを市民同士で議論しても平行線に終わるだけです。そこで、これまで何も発言してこなかった文化庁に判断してもらおうと考えました。ここまで多額の調査費用をかけ、引き返せない状況にあることを考えれば、文化庁といえども人の命に勝ると判断することはできないだろうと思ったからです。

しかし、この考えは甘かったのです。当時の文化庁次長が大学の同級生でよく知っていたこともあって、こちらの立場もよく踏まえて判断してくれるだろうと思い、事前にアポイントを取って文化庁次長室に乗り込みました。入ったとたん嫌な予感に襲われました。専門官の人5、6人が面接官のように待ち構えていました。田和山遺跡はどれほどの価値があるものなのですかと質問すると、即座に、保存してもらえれば国の史跡に指定できます、との答え。

私は、これはとんでもないことになったと思いました。私は、遺跡は価値はあるが病院建設には劣後する、との答えを期待していたのですが、考えてみれば文化庁が病院との比較をするわけがないのです。甘かった。結局、どちらを優先するかは私が判断するしかありません。逆に、病院を優先するなら、国史跡に指定されるほどの価値があると文化庁からお墨付きをもらった遺跡をどうして壊すのかと追及されてしまいます。最大の問題は、田和山遺跡を残すと判断したとたんに、移転新設場所を白紙に戻して検討せざるを得なくなり、前市長の判断を支持していた人たちから、新米市長のくせにすでに走り出している前市長の判断を否定するとはけしからん、ということから猛然と抗議が巻き起こり、事実上移転新設は困難となってしまうということでした。帰りの飛行機の中でいろいろな思いに押しつぶされそうになりました。

一度、現地を見てみられませんか、という講武直樹秘書係長（現副市長）の言葉に、そういえばまだ現地を見ていないことに気が付きました。現地を見ても大した効果は期待できないだろうと思っていましたが、ともかく行ってみることにしました。現地に行ってみると田和山の圧迫感は相当なものがありましたが、東側の農地も結構広いのに気が付きました。ひょっとするとここに病院が収まるかもしれない、一筋の光が差し込んできたように思いました。病院の模型を用意するように指示し、翌日、打ち合わせをしました。模型を田和山地区の地形図に恐る恐る乗せたところ、ぎりぎりではまりました。やったと思いました。

これまで、遺跡の保存か撤去か、の二者択一の議論しかされず、共存という考えはありませんでした。共存の考え方を示したところ、案の定、撤去論の人たちからは、これでは窮屈な病院になってしまう、遺跡は保存され、病院は狭苦しいところに建つことになる、これでは完全な敗北だ、といった批判が出ました。しかし、病院も当初の設計どおり建てられることとなったことで、大半の市民からは了承していただけるのではないか、あとはメンツの問題だけだと考え、共存策を推進することとしました。前市長の指示を受けて病院建設に取り組んできた職員からは冷たい視線を浴びることとなりました。前市長の施策を引き継ぐと言って当選したではないかと。

ですが、私は前市長のロボットではありません。病院を新設することが前市長の意思を守ることであり、そのうえで、現在の状況を踏まえて自分で判断することが何よりも大切です。市長が代われば、考え方に多少の変化が出るのは当然だと思います。ともかくも、この問題は机に座っているだけでは何も解決しない、文化庁に出かけたり、現地を視察し、思い悩んだことが解決への糸口になったと今でもいい経験になったと思っています。うまくいくかどうかはともかく、人任せにしないで自分で動くことが大事だと痛感しました。

史跡田和山遺跡　（市報 平成12年（2000）12月号より）

史跡田和山遺跡と一体となった保健医療福祉ゾーンの整備　（市報 平成14年（2002）5月号より）

新市立病院の建設はじまる
（市報 平成15年（2003）4月号より）

さて、前市長から引き継いだ課題は二つでした。（正確には三つでしたが、三つ目は島根原発3号機建設事前承認。これについては関係者の了解をいただき、その後、議会の承認もいただきました。しかし、その後の東日本大震災による福島原発の事故でいまだに審査に入っていない状況です）

一つは「市立病院の移転新築問題」、これについては先に述べたとおりです。

二つ目は「ティファニー美術館誘致問題」です。宮岡前市長は松江市の活性化を図る方策として、人の集まる施設をできるだけ市の周辺部に設置し、中心部からそこへの交通インフラを整備し、中心部と周辺部との好循環をもたらし、ひいては松江の活性化を実現する、という考えを持っておられました。後日、宮岡夫人にお伺いしたところ、主人はバスや船など動くものが好きでしたから、とおっしゃっていました。自分の好きなものからまちづくりを考える、まちづくりを発想するヒントをいただいたような気がしました。

それはともかく、私が市長に就任する前、この美術館誘致は議会の承認を得て、相手方の堀内不動産との間で覚書を締結していました。そしてその方針に沿って細部の詰めが行われていました。実は、この後前市長は病気入院され、担当者との打ち合わせができない状況になっていました。

誘致という大枠が決まった中で、誘致企業である堀内不動産側はいろいろな要求を出してきました。要求が受け入れられないならば誘致は中止、という先方の心理的圧迫を受けながら、担当者としてはずるずると要求をのまざるを得ない状況に引きずり込まれていったのです。市長が健在であれば誘致中止を含む判断をいただけたものと思いますが、担当者としてはそこまでの判断はできない。市長の判断を仰げない担当者としては、要求を拒めばせっかく誘致活動までして実現した誘致が中止となり、市長や議会に迷惑をかける、という気持ちだったと思います。しかも、先方はやりとりを紙に残し、かつ担当者の印鑑を押させていました。気が付いた時には、もはや引き返せない状態になっていたのです。市長の了解を得ない担当者段階の約束に基づき、私が就任する前年の6月、工事は着工されました。

就任してこれまでの経過について報告を受けましたが、二つの点で問題があると思いました。第一は、支出を伴うにもかかわらず、議会の議決、了解を得ないまま約束している事項（専門用語で債務負担行為といい、事前に議会の議決が必要です）があること。つまり、このまま工事が進めば必ず議会で大きな問題となるということ。第二は、美術館、チャペルは堀内不動産の施設となっており、一方、イングリッシュガーデン、レストランは市の施設となっていること。すなわち、入館者は美術館だけを見る人、イングリッシュガーデンだけを見る人、両方を見る人のそれぞれで入場料を区別しなければいけない、それをどこで、誰がチェックするのか。レストランだけを利用する人は入場料はどうするのか。イングリッシュガーデンは市の施設なので公の施設となり条例措置がいるが、美術館はどうするのか。等々複雑な問題が生じてきます。

この二つの問題を解決するため、堀内不動産と協議することにしました。議会に理解していただき一緒になって解決する必要がありましたので、この協議には当時の後藤議長にも参加していただきました。

まず第一の問題については、議会の了解なくしては支出はできないことを理解してもらおうとしましたが、案の定、それは市の内部の問題だ、約束を反故にするとは詐欺ではないか、との主張を展開されました。このままだと相手は撤退すると言う可能性もあると思いましたが、そのために違法を承知で譲ることはできないとの強い気持ちで臨みました。その結果、物別れとなりましたが、美術館オープンとは切り離して引き続き議論することとしました。この問題は最終的には解決できず、残念ながら美術館はオープンから6年後に閉館することとなりました。

第二の問題は、美術館を市が使用貸借する、というウルトラCを考え出し合意しました。これによりイングリッシュガーデンと美術館は市の公の施設となり、窓口を一か所にし、一体的に料金を徴収できることとなりました。

それにしても、どうしてこのような問題が出てきたのでしょうか。今となってはよく分りませんが、もともとイングリッシュガーデンも堀内不動産からの提案によることから考えると、イングリッシュガーデンも含めて堀内不動産がすべて整備することから話が始まったのではないかと思います。その後イングリッシュガーデンに多額の整備費（最終的に70億円）がかかることが分かり、レストランを含め市が受け持つことになったのではないかと思います。そのうえで、堀内側はイングリッシュガーデンの入場料は無料となるものと考えていたのではないでしょうか。しかし、市としては、整備費だけでなく毎年1億円以上の管理費がかかることを考えると、これを無料にすることは議会の納得は得られないと考え、有料にしたために、話が複雑になったということではないかと思います。

この二つの問題が生じた背景は何だったのでしょうか。堀内側は、誘致に応じて進出してあげたのだから、市は自分たちの言うことを全面的に受け止めるべきだ、と考えていたのではないか。市の担当者は、相手の要求する条件を聞いて立派な美術館を実現することが自分の務め、と考えていたのではないか。

また、立派な美術館を実現するという目的の範囲であれば、市長や議会からも大抵のことは許してもらえる、と考えていたのではないか。議会のチェックもおろそかになっていたのではないか。などなどが考えられます。

しかし、市長が代わったことで雰囲気が変わってきたように思います。私は違法なことまでして誘致する必要はない、という考えでしたから。ところが、当時の経済界からは、自分たちが前市長と一緒になって誘致してきたものをなぜぶち壊すのか、「韓信のまたくぐり」「悪妻を選んだのは自分の責任」と思って我慢しろ、質の高い美術品をそろえた美術館ができるのだから少々のことは我慢しろ、とかの意見がありました。

私もコチコチの人間ではありません。しかし、堀内側と協議して分かったのですが、一度譲ったらどんどん要求がエスカレートし、違法行為に引きずり込まれる危険性を感じました。一度了解しても将来必ず不満を言ってくる、きりがないと感じました。前市長が美術館を誘致しようとされたのは民間活力を活用してまちづくりをしようとされたもので、その考えは、税収の少ない松江市にとっては意義のあることだったと思います。しかし、民間であればだれでもよいというわけではありません。名古屋に比べ松江は小さい市だと思って軽く見られていいということではなく、小さな市であってもこれを尊重する姿勢が求められると思います。事前の見極めが不足していたと言わざるを得ません。

ともかくも、この経験は私のこころを傷つけるものとなりました。これまで私は法律に従って仕事をすることが正しいこと、法律の範囲内で相手のことを考えてあげることが正しいことと考えてきました。しかし、民間では、自分の仕事がうまくいくことが第一、そのためには行政は民間の行為が法律違反にならないようにするもの。すなわち、法律を一般規範として民間の行為に当てはめるのではなく、民間の行為は基本的に正しく、法律はそうした考え方に沿って解釈し、対応するものと受け止められているように思います。

この問題は最終的には裁判での決着となりましたが、裁判で勝てると思って訴訟に及んだことは相手の思い上がりだったと思います。行政に圧力をかける中で、行政の約束を取り付けたことが正当な行為と考えていたということです。どんな事情があれ約束したじゃないかということでしょう。しかし、意思決定が正常な形でなされたうえでの合意ではなかったことは明らかです。
美術館の撤退については、観光資源を失うことになり、いろいろと批判を受けましたが、裁判での勝利決着で理解していただけたのではないかと思います。

美術館は撤退し、更地となり、堀内不動産が所有していた土地はすべて市が買い取りました。あとにはイングリッシュガーデンが残りました。議会には、嫌な記憶を残す庭園は更地にしてしまえ、という意見もありましたが、私にはこの庭園に強い思い入れがありました。70億円という巨額な建設費を要したということもありますが、美術館のお飾りのような形で建設され決して主役扱いされなかったものが、苦難の末に、いま主役のチャンスが回ってきたのです。中国地方で唯一のイングリッシュガーデンに活躍の機会を与えてやりたいと思いました。もう一つ理由があります。当初、花木の勢いが悪く、原因を調査したところ、開園を急ぐあまり、美術館建設に要した廃材、コンクリート、シートなどが埋められ、その上に花木が植えられていたことが判明しました。これでは花木がうまく育たないのは当たり前です。イギリスから招聘していたヘッドガーデナーの指揮の下、1億円余り、1年の期間をかけて整備しなおしました。その整備の効果を見てみたいという気持ちがありました。

期待通り、立派な庭園に生まれ変わりました。しかしその後、ヘッドガーデナーが帰国してしまい、その管理が日本の業者に委ねられることになり、特徴を発揮できなくなってしまいました。また、入場料を当分の間無料としてしまったため、その後、入場者も少なくなってしまいました。イングリッシュガーデンの良さが日本人にはなかなか理解されなかったこともあります。

私はイギリス、フランスで庭園を視察しましたが、フランスが幾何学的な造りなのに対し、イギリスは人工ではあっても自然らしさを表現することに特徴があります。また、冬の枯れた庭園も魅力の一つとなっています。こうしたことは説明を聞かないとなかなか分りません。年間の維持管理費に一億円余りを要することもあって、結局、イングリッシュガーデンと美術館の跡地は、10年間庭園を維持することを条件に、民間に売却することになりました。

　前市長の期待に応えられなかった力不足と、民間業者との付き合いの難しさを感じています。

イングリッシュガーデン

松江・八束8町村との合併

八束郡8町村との合併は、最も苦労し、記憶に残る出来事の一つです。市長に就任した当時、「松江・八束広域行政研究協議会」が設置されていました。表向きは広域行政研究ですが、実質は合併に向けて機運を醸成しようとしたものです。いきなり合併を協議すると言えば議会や住民から反発が出ることが予想されるからです。用意周到、深謀遠慮の対応です。ともかくも、8町村長が合併に向けて進む素地を前市長には作っていただいていました。

私の人生はどういうわけか合併に深い縁があるようです。まず、昭和20年代、祖父は玉湯村の村長でしたが、県からは松江市との合併、あるいは来待、宍道との3町村合併のいずれかを推進するように迫られました。しかし、温泉旅館収入が好調なことから単独村政を選択しました。祖母が来待の出身だったことや、３町村とは運動会などを通じた交流が盛んでしたので意外な結果だと思いましたが、それだけ旅館の意見が強く反映したのではないかと思います。

平成５年（１９９３）４月、３年間の京都府総務部長を終え、自治省行政局振興課長の辞令をいただきました。私を待っていたのは、「合併特例法」（市町村の合併の特例等に関する法律）の改正でした。合併特例法は10年間の時限立法で、平成７年（１９９５）３月31に期限が切れることになっていました。ちなみに、自治省行政局振興課は昭和の合併を進めるために設置された組織で、これも時限組織としてその時まで続いていました。したがって、合併特例法を延長しないとすれば、同時に振興課もそれで終わりという運命でした。

法律改正をする場合、通常、役所では、大学の教授や助教授クラスの人をメンバーとする研究会を立ち上げ、そこでまとまった案を地方制度調査会にかけ、了解が得られれば国会に法案として提出する、という手続きを踏みます。まだ研究会は立ち上げられておらず、私の仕事は、研究会のメンバー選定がスタートとなりました。ところがほどなくして、担当の課長補佐が病気のため戦列を離れることになり、合併の仕事は私と新任の係長の2人で行わなければならなくなりました。

メンバー選定はそれほど困難ではありませんでしたが、問題は、研究会をどのくらいの時間をかけて行うか、もっと大変だったことは、毎回どんな議題で議論してもらうか、そのためにどんな資料を用意するか、でした。何しろ2人とも合併の仕事は初めてだったのですから。研究会が終わるたびに、次はどうするかを、実質、私が決めなければいけませんでした。私の役人人生の中で、これほどつらい時期はありませんでした。

研究会での議論のポイントは、合併に対するスタンスでした。これまで合併に中立的な立場であった特例法（合併の障害を除去し、合併の円滑化を図る）を合併推進の立場に変えるかどうかということでした。

昭和の合併以降、モータリゼーションの急激な発達により、住民の行動範囲は市町村の境界を越え、生活圏もこれに応じて拡大してきました。このため、ごみや消防といった行政は広域的に行うことが効率的だということから、広域行政組合が設置されてきました。松江市と八束郡でも、「松江地区広域行政組合」が設置されていました。昭和の合併後しばらくは、合併はもうこりごり、といった雰囲気が蔓延していましたが、そうした嫌悪感も徐々に薄れ、40年以上たった平成の初めごろには経済界を中心に合併を望む声が大きくなっていました。

一方、地方においては、東京一極集中、過疎化の進行を受け、地域活性化、地方分権を望む声が大きくなり、平成5年（1993）6月には、衆議院において地方分権推進に関する決議がなされました。これを受けて「地方分権推進委員会」が設置され、地方分権を進める体制ができました。しかし、国の各省はしたたかでした。分権するのはいいが、受け皿となる市町村は一定の規模を持つ必要がある。合併により規模が拡大すれば分権を検討する、というものでした。

合併特例法の改正を検討する中で、合併推進という方向（自主的な合併を推進）が打ち出されたのはそうした状況を踏まえてのことでした。私が担当した合併特例法の改正は平成7年（1995）の改正でしたが、この時は住民発議制度の創設、合併算定替えの期間延長（5年から10年）、議員の定数・在任特例の拡充、などが制度化されました。

しかし、合併の議論はそれで終わりではなかったのです。地方分権推進委員会の中で、なかなか合併が進まないことへの批判が出ました。自治省や都道府県はもっと積極的に関わるべきだ、というのです。西尾勝委員はじめ、大部分の方はそうでもなかったのですが、特定の委員からそうした意見が出されました。

これには次のような背景がありました。「委員会による数次の勧告で、機関委任事務の廃止をはじめとする分権改革が進みつつあるが、これは各省庁の犠牲の上に出来上がったもので、裏で自治省が糸を引いている。いわば自治省のための改革だ。今また、総理からもっと権限移譲をするように言われている。このまま手をこまねいていてはだめだ。自治省に困難な仕事を押し付けて、何とかブレーキをかけねばいけない。そのためには、もっと合併を進めるように制度改正をさせるべきだ。特定の委員からそのことを発言してもらおう」と。もちろん、自治省としては十分な措置をしたもので、これが足らないと言われるのはおかしいと考えていましたし、これ以上やると強制合併になるとも考えていました。

とはいえ、分権の受け皿として合併を進める必要があると言われると、まずは合併を進めざるを得ず、平成12年（２０００）以降の改正で、住民投票制度の導入、合併特例債、合併算定替えの期間延長（10年から15年）など、さらなる合併のインセンティブが盛り込まれ、いわゆる「平成の大合併」に向けて突き進むこととなったのです。

なお、平成の合併が進み、３３００あった市町村が１８００弱となったにもかかわらず、地方分権はほとんど進んでいないことはご承知の通りです。国は権限委譲を断る口実として合併を持ち出しただけでした。国への不信感が募ります。

このような経緯の中で、合併特例法改正に携わった自分が、まさかそれに基づき合併を実践することになろうとは、夢にも思いませんでした。先ほど述べた「広域行政研究協議会」は、平成14年（２００２）２月に合併将来構想」を策定し、同年5月に「合併推進協議会（任意協議会）」に発展的に改組しました。任意協議会では、１市8町村の事務事業の実態調査（第１次と第2次を併せ約９５０項目）を行いました。これは9市町村がそれぞれ独自に実施している事業、共通して実施している事業ではあっても違いがある場合のその差異、などについて調査するもので、やがて法定協議会でその調整方針を検討するための資料となるものでした。そして、同年7月、第３回目の任意協議会において、今後それぞれの市町村の議会の議決を得て「法定協議会」を設置することを申し合わせました。

その後、紆余曲折はありましたが、東出雲町を除く8市町村が法定協議会参加の議決をしました。しかし、東出雲町は不参加を表明しました。もともとそうした雰囲気はありましたが、それが現実のものとなりました。私が一番懸念したことは、これをきっかけに他の7町村に参加取り消しの動きが出るのではないかということでしたが、東出雲町の不参加表明が一番後だったこともあって、そうした動きは出ませんでした。

それにしても、なぜ東出雲町は不参加となったのでしょうか。今となってはよく分りませんが、法定協議会参加の発案権は首長に専属していることが考えられます。すなわち、首長が議会に参加の発案をしなければ、議会は何もできないということです。首長が合併は嫌だと思えば合併は進まない仕組みになっています。(これを補うものが「住民発議制度」です。有権者の50分の1以上の請求があれば首長は議会に発議、議会で否決されても住民投票で過半数が得られれば法定協議会への参加が決まるという仕組みです。東出雲町では住民発議による住民投票が行われましたが、首長が町の広報誌などを利用して合併のデメリットをPRしたため、参加について過半数の賛同が得られませんでした。しかし、こうした公器や公費を使った勧誘方法に対しては批判がありました)

当時の東出雲町長は1期の途中、しかも50代の初め。会社を辞めてまで生まれ故郷のために尽くそうと思って努力してきたのに合併すれば何もできなくなる、合併で身分を失えば途端に食べていけなくなります。おそらくそんな気持ちが強かったのではないかと思います。今になって思えば、そうした気持ちを察して新たな活躍の舞台を用意してあげることもできたと思いますが、当時の若かった私には、そうした配慮ができませんでした。その後、本人は県議会議員の道を歩まれました。

1市7町村の「松江・八束合併協議会（法定協議会）」は、平成14年（2002）11月に発足しました。この間、法定協議会への参加議決がとれるかどうかを大きな緊張感をもって見守りました。前述した東出雲町を含む法定協議会への参加議決は東出雲町が不参加となったため、東出雲町を除く1市7町村の法定協議会への参加議決をもう一度とり直さなければならなくなりましたが、状況が変わったことで7町村が消極的になるのではないかと心配したからです。

7町村の法定協議会への参加議決はとれましたが、それで合併が決まるわけではなく、合併協議のテーブルに着くということにすぎません。課題を乗り越えられなければ合併ができなくなる危うさをはらんでいます。

その最大の難関が「合併方式」でした。合併の方式には「編入合併」と「新設合併」とがあります。編入合併は編入する側はそのまま存続しますが、編入される側は消滅してしまいます。新設合併は合併する複数の団体すべてが消滅し、新たな団体を作ることになります。法律上この両方式に優劣はつけられていません。しかし、合併の当事者になると両方式には雲泥の差があります。なぜでしょうか。キーワードは「誇り」です。編入合併で編入され消滅する団体にとっては自らの団体の名称や歴史や文化が無くなってしまうのに対し、編入する団体は無傷で存続することになり、編入される側は一方的に誇りを失わされることになります。これは我慢できないことです。一方、新設合併ということになると、すべての団体が消滅することになります。人口、財政力どれをとっても圧倒的に大きな団体にとっては、合併で消滅することは他の団体と同等に扱われることになり我慢できないことです。

ある時、双方の主張が真っ向からぶつかりました。町村側は感情的になり、合併協議はこれで打ち切りだと叫んで席を立とうとしました。私は協議会の会長で議長でしたので、決裂は何としても避けなければいけません。中立委員の井戸内正さんに説得していただき、何とか続けることができました。あの時が潮目の変わり目だったように思います。

中立委員の丸磐根さんから、新設合併だが限りなく編入合併に近い新設合併、という提案をいただき、松江市は編入合併という実を取り、町村側は新設合併という名をとって双方が収まることができました。町村側も新設といっても、新市の名称や市役所の位置、様々な公共料金などを全く新しいものにすることなど、到底できないことは分っていました。もし全く新たなものを考えるとすれば、それは合併を壊すことにほかなりません。

また、松江市側を納得させる方策を井戸内委員が提案されました。それは、松江国際文化観光都市建設法が新設合併後の新市に適用がない、すなわち失効することになれば本末転倒だ。全国で京都、奈良と松江の3都市しか認められていない国際文化観光都市という称号を合併で失うことになれば合併などしないほうがいい、というものでした。私は早速国土交通省に出かけ担当課長に相談しました。当時の課長は南高の後輩でしたし、こちらの意図を察してなんとなく前向きな雰囲気はありました。といいますのも、この法律が合併で失効するということになればそれは合併の妨げとなるわけで、そのような解釈をすれば国土交通省は合併に後ろ向きだと批判を受けることになるからです。

後日、失効しない、という返事があり一安心しました。新設合併でも国際文化観光都市の称号は引き継がれるということが分かり、松江市議会議員にも大きな安心感を与えることができました。合併方式は新設合併と決まり、合併は大きなヤマを越しました。

このように合併の議論は氷の上を歩くような思いで一歩ずつ神経をすり減らしながら進めていったのですが、松江市民にはこうした事情が理解しづらかったように思います。市と町村は人口規模も財政力も大人と子供ほどの違いがあるのだから、黙っていても町村は合併せざるを得なくなる、いずれ合併は自然に成就する、といった雰囲気だったように感じました。合併すれば周辺部となり顧みられなくなるのでは、寂れていくのでは、といった町村の人たちの気持ちが理解できていなかったように思います。むしろ、合併してあげたのだから、松江市の経済力を分けてあげるのだから感謝してもらわねば、といった上から目線の気持ちが強かったではないでしょうか。

市議会議員の中にも、合併したいと言ってきたところと合併すればいい、市長はなぜ八束郡との合併にこだわるのか、といった意見を言う人もいました。しかし、私に言わせれば、そんな大義のない合併をしても意味がない、山陰で唯一の20万都市を実現し、他都市や県をもリードする存在になり、これを後世に残したい、という思いでした。

また、合併して分かったことですが、八雲村の子育て支援、東出雲町の学校図書館活用をはじめ、各町村のまちづくりの取り組みなど、新松江市にとって大いに参考になる取り組みがたくさんありました。規模だけでなく内容を充実させることが合併によってできることが分かりました。要するに、旧松江市にとっても、合併により新たなまちづくりの要素が付加され再活性化が図れることとなり、大きなメリットがあったということです。

もっと、合併のために払われた関係者の苦労を評価していただきたいと切に願うところです。

1市7町村の合併は、平成16年（2004）3月に「合併協定」の調印が行われ、翌平成17年（2005）3月31日に「新松江市」が誕生しました。八束郡は東出雲町だけの1郡1町となりました。東出雲町は合併協議会から離脱した当時の町長が2期目を担当されていました。その後、平成19年（2007）の選挙で、現職町長を破って鞁嶋弘明さんが当選され、状況が変わってきました。

合併を掲げて当選されたわけではありませんでしたので、当初は見守っていたのですが、非公式に鞁嶋さんの方から、合併の話を進めたい、東出雲は単独ではいずれ立ち行かなくなる、ものづくり産業を松江市と連携して育てていきたい、という旨の話がありました。私の方からは、もともと合併する予定だったのだから歓迎するが、こちらが表立った動きをすると東出雲の議会や住民を刺激することになるので、表面上は動きませんが、よく連絡しあいましょう、ということになりました。

その後、平成21年（２００９）に任意協議会が設置され、審議ののち、法定協議会の議案が両議会に提案されましたが、東出雲町議会がこれを否決したため、住民投票にかけられ、賛成票が多数を占め、ようやく法定協議会の設置が決まりました。平成22年（２０１０）５月のことでした。合併方式は編入合併とされ、協議は順調に進められ、同年8月、合併協定の調印が行われました。

ところが、同年12月、合併を引っ張ってこられた鞁嶋町長が急逝されるという痛ましい出来事がありました。合併の心労が重なったのだと思います。松江北高校校長という教員の最高ポストにつかれながら、義憤から町長戦に挑まれ、合併実現のため、その町長職はもとより、自らの命をも犠牲とされた鞁嶋さんのことを思い出すたび、感極まって仕方ありません。鞁嶋さんの願いは、学校図書館の授業での活用と産業支援センターの松江市全体への拡大でした。今、そのことはしっかりと受け継ぎ、根付かせています。鞁嶋さんの命を懸けたご功績はこれからも語り継いでいってほしいと思います。

1市8町村の合併は平成23年（2011）8月に実現し、念願の20万都市となりました。その後、中核市要件が緩和され、人口要件が20万人とされたことから、松江市は平成30年（2018）4月、「中核市」となることができました。これも、山陰をリードする20万都市を目標に、約10年かけて積み上げてきた努力の成果だと思います。合併したいところと合併するという姿勢は楽ではありますが、こうした成果を得ることはできなかったと思います。

松江・八束合併協議会発足　（市報 平成15年（2003）1月号より）

「新市のまちづくりを考えるシンポジウム」開催
（市報 平成15年（2003）10月号より）

合併協定調印　（市報 平成16年（2004）3月より）

松江市・東出雲町合併協定調印　（市報 平成22年（2010）8月より）

中海・宍道湖・大山圏域市長会

合併は広域行政の最終形ですが、八束郡との合併と並行して、新たな広域行政に取り組みました。「中海・宍道湖・大山圏域市長会」の取り組みです。以前から「中海圏域4市連絡協議会」がありましたが、平成19年（2007）にこれを発展改組し、「中海市町会」が発足しました。「あたかも一つの市のように」結びつきを深め、それぞれのエゴを抑え、松江（政治経済の中心）、米子（商業、交通の中心）、安来（産業の中心）、境港（貿易、水産業の中心）の特徴を結び付け、圏域全体の発展を図ろう、というものです。このため4市長が気心を通わせ深めることが何より大事だと位置づけ、出来ることから始める、小さく生んで大きく育てる、を行動指針としました。

松江市は、中海だけでなく宍道湖にも面していますが、これについては、従来、「宍道湖沿岸自治体首長会」がありました。しかし、合併で構成団体が松江市と出雲市だけになったため、2市だけで首長会を維持するよりも、中海圏域とのつながりを強める方が両市にとって得策ではないかと考えるようになりました。出雲市長に話をしたところ、異論なく了解されましたので、私が間に立って中海市長会の了解を取り付けることとしました。ところが、米子市の思わぬ反対にあってしまいました。出雲市とはこれまで交流がない、生活圏域が違う、というのが主な主張でしたが、本音は、出雲市を入れると鳥取県と島根県の団体数が3対2となること、人口比率もはるかに島根県側が大きくなり、バランスが崩れる。島根県側に押し切られてしまう、という懸念でした。県を意識するならば広域市長会を作る意味がなくなる、出雲市との交流がないなどというのは個人的な意識に過ぎないのでは、などと言って説得した結果、西部町村会をオブザーバーで参加してもらうということで、1年がかりで了解を取り付けました。

今、振り返って考えてみると、もっと出雲市に汗をかいてもらった方がよかったかもしれないと思います。出雲市の参加への意欲が伝われば、米子市長ももっと早く納得してもらえたのかもしれません。出雲市の参加は松江市が望んでいるだけで出雲市自身はそれほどでもないのではないか、と思われた節があるからです。私自身、出雲市の参加に前のめりになりすぎたかもしれません。

平成24年（2012）、「中海・宍道湖・大山圏域市長会」が誕生しました。名称が長すぎるということで愛称を「くにびき市長会」にしようと提案したところ、米子市長にその名称は島根県よりの名称だと言って反対されました。大山と弓ヶ浜半島を使ってくにびきをした、まさにその中心地ですので、ぴったりな愛称だと思ったのですが、これもやはり県の帰属意識に阻まれてしまいました。米子道と尾道松江線による山陽方面からの物資の流通、二つの空港と貿易港で日本海貿易の玄関口となる、など大きな視点で描いた「振興ビジョン」を策定し、派手な船出となりましたが、具体的な施策にはなかなか結び付きませんでした。

その後、経済界でも各市の商工会議所、商工会が連携し協議会を作っていただきました。これが大きな転機となったように思います。具体的な施策が進むようになりました。

例えば、中村元記念館設立を契機として、インドケララ州との行政・経済交流協定締結、インド青年のインターンシップ、インドの大学での日本語講座の開設・講師派遣などです。インドとの協定を結ぶ場合、先方からは必ず具体的な企業進出を期待されますが、これは行政だけでは確約できません。経済界、特に具体的な企業の意向が踏まえられていなければいけません。その点、経済界が一緒に協定を締結していただくことで、実現の可能性が高まるのです。現に、ケララ州との協定締結では、行政と経済界との2本立ての協定となっています。また、この協定締結では外務省のお骨折りもあり、安倍首相とモディ首相に立ち会っていただくことができました。安倍首相からは、「広域市長会のインドとの交流について、よく聞いています」といっていただき、感激しました。

こうした提携方式は私たちが初めてではないかと思います。また、山陽側の経済界との交流を活発にしていただきました。このように経済界と連携することで施策を具体的に進めることができるようになりました。

なお、行政として広域的な対応を積極的に行っていく分野として、広域観光があげられます。５市の観光資源を連携することにより、国内外の観光客を増やすことができます。インド、韓国、中国、台湾、東南アジアなどに、共同で積極的に出向きＰＲをすることが大事です。山陰インバウンド機構との連携も大切です。

私が広域行政を進めたのは、県の存在を意識していたからです。先にも述べましたが、私は市長になった当時、県というものに格別の意識を持っていました。しかし、そのうち、県という存在は基礎自治体である市町村にとって障害となっている、という意識に変わってきました。県の役割は、市町村が実施困難な事業を行うことと、市町村を越えた広域的な事業を行うこと、の二つです。

このうち、市町村が実施困難な事業かどうかは、市町村の能力の大小によって変わりますし、市町村の能力が向上すれば減少していきます。いわば暫定的な役割です。また、広域的事業も、市町村が広域的に連携すれば実施可能です。つまり、県という存在は不変ではない、ということです。過渡的な存在といってもいいと思います。

ともかくも、広域連携することにより県から自立し、県でなくても、いや県よりもうまくできるということを示したかったのです。例えば広域観光です。これは県でもできます。しかし、実情をよく知っている市町村が連携すればもっとうまくできます。また、県境を越えた連携は、県同士では何かとぎくしゃくするのではないでしょうか。だからこそ、先に述べた当時の米子市長の意識は県のバリアーに縛られていたということで残念だったのです。現在の5市長にはそうした意識はないものと思っています。

ところで、「広域市町村圏（広域行政圏）」は、昭和の大合併以降、平成の大合併まで用いられた広域行政の形態です。これは昭和の合併で残る合併アレルギー、しかし、モータリゼーションなどの広まりから必要性が大きくなった広域行政を実現する手法として用いられてきたものですが、その後、平成の合併への橋渡しの役割も果たしたものです。したがって、同一県内での組織化が普通の形でした。

平成の合併以降も、生活圏域の拡大とともに、やはり広域行政の必要性は新たに発生しています。しかも、県境を越えて生活圏は拡大しています。しかし、合併はもうたくさんという雰囲気は充満しています。ましてや県境を越えてなど、もってのほかです。したがって、これからの県境を越えた広域行政は、当面、より緩やかな結びつきの事業から始めなければうまくいかないと考えました。

県境を越えて合併してもいいと思えるほどの広域的な結びつきの事業を行うためには、この地域に住む住民が、その必要性を強く認識し、バックアップしてくれることが何よりも必要です。これから、時間をかけて、県境や市境が意識されなくなるよう努力することが大事です。一部事務組合のような法的組織を今すぐに作ることも逆効果です。

そこで、まずは、広域観光と観光や経済交流を意識した国際交流から始めたのです。その場合、私は松江が先行して行っている事業に、他の4市も参加してもらうことから始めました。前述の中村元記念館がきっかけとなったインドケララ州との交流、松江の花牡丹がきっかけとなった台北市との交流などです。

一方で、5市の連携を強める方策を考えました。その方策の一つとして、事務局の独立があります。事務局はそれまでは会長市が担うこととなっていましたが、それでは会長が変わるたびに方針が変わることになりかねません。そこで、まず先に述べたように、大きな視点で描いた「振興ビジョン」を作りました。しかし、これは大きな方針ですので、毎年の予算や事業は継続性が保たれなくなる恐れがあります。例えば、広域市長会の収入は各市からの負担金で賄うのですが、新規事業の負担となると、すんなりとはいただけません。また、国の補助金は広域でも市単独でも使えるものが多いのですが、各市の担当者はどうしても市単独事業に使いたがります。こうしたことの調整は骨が折れるものです。このようなことが続くとどうしても広域市長会の事業はしりすぼみになってしまいます。やはり、毎年度の予算案や事業計画案を策定する事務局の独立は欠かせません。

松江市のＯＢを事務局長にしたいと申し出たところ、異論はなく賛成していただきました。また、場所も玉湯支所の2階に固定することにしました。今後は事務局が積極的に新規事業などを提案して広域市長会をリードしてもらいたいと思います。必ずや広域市長会の発展につながるものと確信しています。

平成の合併の目標は、「山陰をリードする国際文化観光都市」ですが、広域行政で積極的な役割を果たすことが目標を達成するための有力な手段となるものと考えています。

今後、広域市長会を発展させるためには、まず5市の市長がそのことを共通に意識し、あらゆる場面で、常に、その共通の目標に向かって努力を重ねていくことが何より大事だと思っています。

中海・宍道湖・大山圏域振興ビジョン
平成25年(2013)3月発行

インド・ケララ州と覚書を締結、安倍首相とモディ首相同席
（市報 平成28年（2016）3月号より）

インド・ケララ州から
視察団来松
（市報 平成27年（2015）1月号より）

中海・宍道湖・大山圏域
市長会通信
（市報 平成29年（2017）3月号より）

「島根半島・宍道湖中海」
日本ジオパーク認定
（市報 平成30年（2018）2月号より）

行財政改革

市政を進めていくために不可欠なもの、それはお金です。いくら素晴らしい事業を計画してもそれを実行するためのお金がなければ何も実施できません。やりくりすれば毎年税金が入るのだから何とかなるのではないかと思われるかもしれません。あるいは借金をして事業をし、後年度少しずつ返済すればいいのではないかという考え方もあるかもしれません。

しかし、毎年必ず支払わなければならない支出があります。例えば、人件費、**公債費**（借金の返済費用）、扶助費（生活保護費）、維持管理費（光熱水費、庁舎維持費）などです。これらの費用は毎年入ってくる税金の中から優先して支払わねばなりません。税金に占めるこれらの経費の比率が高ければ高いほど自由に使えるお金は少なくなります。これを財政の硬直度（「経常収支比率」）といい、１００％を超えれば赤字団体になってしまいます。会社でいえば債務超過、破産状態となります。

平成12年（２０００）の市長就任時、「経常収支比率」は89・１％と、危険水域にありました。こうした状況は市民にはあまり公表されていませんでしたし、議会でもあまり議論されてきませんでした。それはともかく、「経常収支比率」が高い理由は「公債費比率」が高いことにありました。全国平均や同規模の鳥取市に比べ高い数値となっていました。なぜこのように高くなっていたのでしょうか。それは交付税付き起債に対する誤解が原因と考えられます。

平成の初め（１９９０年代初め）にバブル経済がはじけましたが、景気対策として公共事業の繰り上げ実施と並んで、地方単独事業が奨励されました。この地方単独事業の財源として、交付税付き起債が当てられました。起債の償還財源として交付税がセットされているものです。地方ではこの事業としてハコもの建設が行われましたが、これを地方では誤解して補助金付きの事業と同一視したのです。そんな有利な起債があるなら、今のうちにハコものを作ってしまおうということになったのです。住民からは喜ばれるし、一挙両得だと考えたのです。
しかし、これはとんだ誤解だったのです。交付税総額は主要国税の一定割合と決まっているわけですから、その総額に応じて配分されることになります。満額は来ません。これを起債の側から見れば交付税という餌につられて、不必要な起債、財政規模に不釣り合いな起債をどんどん行うことになり、結果として、公債費（借金の返済費用）が膨れ上がることになります。こうした公債費の状況は松江市だけではなく、なぜか県内全市町村が全国平均に比べて異常に高いものとなっていたのです。

公債費、「公債費比率」を減らしていくことが私に課せられた大きな課題でした。これを減らすためには、借金残高を減らすことが必要ですが、いっぺんにはできませんので、毎年の公債費が毎年の借金の額を上回るようにすることが必要です。そうすれば徐々に残高は減っていきます。

しかし、このためには毎年の事業費を今より減らしていかなければならず、議員からは反発が出ました。地域に配分される事業費が減ることは自分たちの次の選挙に影響するからです。「松江市の事業費は150億円だが、鳥取市は80億円だ、もともとが多すぎたのだ。過去10年間を振り返ってみたとき、前半5年間に比べ後半の5年間の事業費ははるかに多くなっている」、といった説得を行いました。ですが、議員からは、財政の健全化は市長はじめ市当局の責任だ、事業費を減らして健全化を図ることならだれでもできる、そんな外科手術ではなく内科的措置（人件費を減らすとか）を考えるのがプロの仕事ではないか、議員にしわ寄せするな。松江の事業は全国的にもまだまだ遅れている、といった反論がありました。

市民の反応もいまひとつでした。自分たちは納税者だからあとは市がうまくこれを使ってほしいといった感じではなかったでしょうか。いわゆるお任せ民主主義です。ただ、新聞記者の中に、自分たち若者の関心はツケを自分たちの世代に残さないでほしいということなので借金を減らすということは最優先にやってほしい、という意見を言う人がいて救われた気持ちになりました。

合併は最大の行財政改革だ、という言葉があります。合併後改革は順調に進めることができました。まず、首長や議員といった特別職定数を120名ほど削減できました。これは合併の当然の効果です。一人当たり年500万円の人件費がかかるとして、約6億円の削減となります。また、職員定数を10年かけて400人削減しました。こうして自由に使える財源を増やし、これを繰り上げ償還に充て、起債残高を減少させることとしました。

合併以前は、公債費よりも起債額を抑えることで起債残高を減少させようとしましたが、目に見えるほどには減りません。さらに問題だったことは、合併前の町村が駆け込み的に起債をし、ハコものを作ったことでした。いい思いをした後のツケは新市にまわす、新市のことはどうなろうと自分たちの責任ではない、というわけです。この結果、合併直後の「公債費比率」は23・7%と、25%の危険水域ギリギリの状態となりました。

合併後は、合併効果を起債残高削減のために使いました。これにより、合併時1564億円あった起債残高が、市長退任時には約1000億円となり、目標としていた姿になりました。また、「公債費比率」も合併直後までは23％台で、全国のトップテンの常連でしたが、退任時には10％前後となりました。

行財政改革はこれで終わりということはありません。合併効果を活用した人件費削減による改革が一段落し、これからは何を改革の手段とするか迷っていましたが、国からは新たに公共施設適正化事業が打ち出されました。

前述のとおり、平成の初めにバブル経済がはじけ、その景気対策としてハコもの建設が各地方公共団体で進められました。旧松江市・八束郡でもたくさんのハコものが作られましたが、20年以上たって老朽化が進み、これをどうするかが課題となっていたのです。

そこで、公共施設の利用状況、多用途への転用の可否、複合化の可否、廃止の可否などを検討し、適正化計画を策定しました。しかし、こうした施設は長年住民が慣れ親しんできたものですので、これが無くなるということについては反対が強く、説得に時間を要しました。議会も正面切った反対はなかったものの、積極的な後押しまではいただけませんでした。放っておくと維持管理費が増大するだけですので、このままだとどうなるか、施設を集約できないか、などについて住民に理解し納得していただきました。担当した職員には本当にご苦労をおかけしました。今後も、適正化によって、毎年どれだけの財源が生み出されたのかを市民の皆様にお知らせすることが大事だと思います。

松江市長への就任時、職員から思いがけない言葉をかけられました。「市長、行財政改革は選挙にはプラスになりません。むしろマイナスになりますから、あまり公約しない方がいいです」と。最少費用で最大効果。これが市長や議会に課せられた使命のはずです。職員採用時に国民全体の奉仕者という使命を自覚し、と誓ったはずです。市民の関心が薄いことをいいことに、心が腐っていると思いました。その時から、自分が先頭に立って職員を引っ張っていこうと決めました。

その時から市政にはまっていったように思います。

松浦市長に報告書を手渡す
松江市行財政改革推進委員会の
島田雅治会長（左）
（市報 平成14年（2002）2月号より）

市報松江 2016.2

財政の健全性と住みやすさを高めました
行財政改革10年の成果

17年の市町村合併後、本市ではただちに行財政改革大綱を策定し、新松江市の姿を整えるための徹底した合理化と、未調整事項の整理を中心とした改革を行ってきました。

その結果、10年間で累積316億円相当の効果額を生み出し、財政状況も着実に改善しました。さらに、生み出した財源を特色あるまちづくりに振り向けることで、「暮らしやすさ日本一」の評価を受けるなど、10年間の地道な取り組みが成果として実を結び始めています。

これまでの改革により財政状況は好転していますが、各種財政指標は同じ規模の市と比べるとまだ低い水準です。今後の地方交付税の減額や社会保障関連経費の増大にも対応していかなければなりません。

引き続き、市民のみなさんのご理解を得ながら「公共施設の適正化」を中心とした不断の改革に取り組み、「住みやすさ日本一」のまちづくりを進めていきます。

取り組んだ主な改革

1 改革 人件費の圧縮
職員の減員、給与制度の見直し、技能技術・窓口職員の嘱託化 など

職員数を適正化
類似団体との比較の結果、職員規模の「標準」化を達成。

職員数を適正化
職員を420人減員

2 改革 アウトソーシングの推進
指定管理者制度の導入、ごみ収集業務、給食センターの民間委託、新ごみ処理施設の包括的運営業務委託 など

3 改革 公共施設の整理
旧町村公民館運営形態の見直し、集会所の地元譲渡、幼稚園・保育所の整理統合、公共施設適正化基本方針の策定 など

4 改革 受益者負担の適正化
保育料・下水道・簡易水道料金の統一、ごみ処理手数料・水道料金の改定 など

5 改革 ICTの活用
コンビニ収納・電子入札の導入、電子申請手続きの拡充、住民情報系システムのパッケージ化 など

6 改革 その他
総合案内・ワンストップ化の推進、滞納整理の徹底、外郭団体の見直し、特別会計の整理統合、公営企業の経営健全化 など

生み出した効果額は累積
316億円 相当

財政状況が改善

1 借金（地方債残高）を299億円削減
新規借入の抑制と積極的な繰上償還を行いました。
10年間の繰上償還額 65億円
1,564億円 → 1,265億円 ダウン（H17 → H26）
地方債残高
※合併前の東出雲町を含む。

2 財政健全化指標が改善
実質公債費比率と将来負担比率がピークから大幅に低下しました。
23.7% → 16.7% ダウン（H18 → H26） 実質公債費比率
221.8% → 141.0% ダウン（H19 → H26） 将来負担比率
※実質公債費比率
借入金の返済額などの大きさを指標化し、資金繰りの危険度を示すもの
※将来負担比率
借入金や将来支払う可能性のある負担などの現時点での残高の程度を示すもの（19年度決算から算定）

特色あるまちづくり

道路・下水道・公共交通網の整備や公共施設の耐震化など、合併後の新市の社会資本整備の重点化を図る一方で、生み出した財源で特色あるまちづくりを進めてきました。

環境対策
リサイクル都市日本一の取り組み
再生可能エネルギーの普及促進
宍道湖・中海の水環境の改善 など
宍道湖産シジミH26漁獲量「日本一」（4年ぶり）
中海産赤貝H25本格出荷（35年ぶり）

産業の振興
Ruby City MATSUE プロジェクト
まつえ産業支援センターを拠点としたものづくり産業の振興
牡丹の台湾・ロシアへの販路拡大
ブランド化の推進 など
新規立地 38社
新増設 30社
新規雇用 972人
（H18～26年度）

子育て支援、教育の充実
6年生までの医療費無料化
年度当初の待機児童の解消
保育料の軽減
・対国基準軽減率 40%
・第3子以降の無料化
特別保育（病児・病後児ほか）の実施
放課後児童クラブの拡充
小中一貫教育の全校実施
ふるさと教育、英語教育の充実 など
子育て環境「全国3位」（H20日本経済新聞社）
合計特殊出生率の上昇

高齢者・障がい者（児）の支援
総合的な相談・支援窓口の開設 など
・地域包括支援センター（高齢者）
・まつえ障がい者サポートステーション「絆」
・松江市発達・教育相談支援センター「エスコ」（乳幼児期～小中学校期）

防災対策
自主防災組織、要援護者支援組織の結成促進と支援
屋外スピーカー、屋内告知端末、防災メールの整備
など
防災行政・市民連携度「全国2位」（H22日本経済新聞社）

共創のまちづくり
市民活動センターの開設
若者・女性の活躍支援
平成の開府元年まちづくり構想の策定
松江城国宝化市民運動の展開
など
松江城天守の国宝指定
縁雫による雨の日の松江プロジェクト
H25「アジア都市景観賞」受賞

観光の振興
松江開府400年祭の開催
まちあるき観光とインバウンドの推進
松江歴史館の開館、温泉街の再整備 など
観光入込客数 1,000万人達成（H25年度）

『暮らしやすさ 日本一』の評価をいただきました

行財政改革について、
詳しくはホームページをご覧ください。
松江市 行財政改革の推進 で検索
問い合わせ 行政改革推進課 ☎55-5193

松江市行財政改革10年の成果 （市報 平成28年（2016）2月号より）

information お知らせ

「第二次松江市行財政改革」取り組み結果

行政改革推進課　☎55-5193

市では行財政改革大綱・実施計画を策定し、改革に取り組んでいます。

このたび、第二次松江市行財政改革実施計画（平成27～令和元年度）の「令和元年度の取り組み」と「計画期間５年の取り組み」の結果を、学識者などで構成する行財政改革推進委員会（ウェブ会議）で検証しました。

	目標額	実績効果額	取り組み項目の進捗状況
元年度実施分	約15億円	24億6,429万円 ※元年度目標効果額（15億7,245万円）に対する達成率（156%）	《元年度取り組み》 計画以上および計画どおり（68項目） 遅れている（5項目） 見直し変更（2項目） 合計　75項目
計画期間実施分（５年間）	約82億円	93億3,127万円 ※5年間の目標効果額（82億832万円）に対する達成率（113%）	

５年間で財政の健全性がさらに向上！

貯金を確保しました！

基金残高の確保	
27年度	元年度
53億円	→53億円

借金を削減しました！

地方債残高の削減

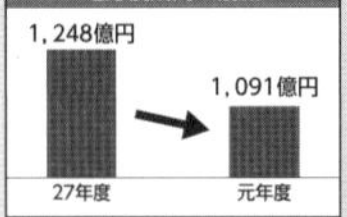

将来負担比率の改善	
27年度	元年度
128.8%	↘ 83.6%

※一般家庭に例えると、ローン残高が年収の何倍になるか計算したものです。

実質公債費率の改善	
27年度	元年度
15.4%	↘ 12.5%

※１年間の収入に対する借金返済の負担割合です。

"特色あるまちづくり"を推進しました！

計画期間の5年間に行ったまちづくりの一部です

27年度	ふるさと奨学金拡充、小学校校舎改築事業 支所・公民館複合施設整備事業 など
28年度	保育料軽減の拡充、コンビニ交付導入事業 国宝松江城調査研究事業 など
29年度	中核市移行準備、ジオパーク推進事業 国宝松江城天守耐震対策事業 など
30年度	松平不昧《ふまい》公200年祭、防災情報共有システム整備事業 国宝松江城マラソン開催事業 など
元年度	ホーランエンヤ事業、インバウンド観光推進、 新バス運行情報提供システム整備 など

行財政改革の取り組み状況について、詳しくは HP 松江市　行財政改革 で検索

16

「第二次松江市行財政改革取り組み結果」
（市報 令和3年（2021）1月号より）

人口減少対策

5年かけて合併が成就しましたが、新松江市の特徴を出す必要がありました。一応、「山陰をリードする経済・生活・文化中核都市」を新市建設計画の目指すべき目標と定めましたが、抽象的です。そこで、旧市町村の首長で新市は何を特徴として全国にアピールすべきかを議論しました。そこで出た結論は、「子育て支援」でした。「松江市は子育て支援に熱心に取り組んでいる」、「松江市でなら安心して子供を産み、育てることができる」と思っていただけ、結果として人口が増え、活性化も図れるのではないか、というわけです。具体的には、当時最も進んだ取り組みをしていた八雲村の保育料減免制度を新市の制度としようということになりました。合併が成就した平成17年（2005）は、国勢調査の年でした。

今、振り返ってみると、皮肉なことにこの年を境にして松江市の人口は減少に転じ、今に至っています。

当時の私は、合併することにより、「事業が重点化され、住みやすいまち、住んでみたいまちとなり、人口が増える」、そうしたシナリオを描いていました。また、そうならなければ苦労して合併をした意味がないとも考えていました。そして、新市の市長に就任後、あらゆる分野の施策を結合させた人口増加計画を作りました。

おかげで、「子育て日本一」（特別区を除いて）の称号をいただくことができました。しかし、出生数、出生率とも増加傾向を示したこともありましたが、いろいろ取り組んだ施策が人口増には必ずしもつながりませんでした。なぜなのでしょうか。

結論から言えば、まず、日本全体が人口減少社会に突入したという認識がなかった。従って、一自治体が人口増対策を行っても意味がないということを認識していなかったことがあげられます。そのうえで、さらに人口増減を左右する若い人たちの転出を食い止められない、ということがあげられます。ところで、この場合、地元にとどまっている人たちとはどういう人たちでしょうか。教員、公務員、銀行員など安定した職業に就職した人、安定はしていなくとも親孝行のため親の会社を将来継ぐ予定の人などではないでしょうか。したがってこれから考えられることは、転出する人たちは地元の中小企業などが安定した生活を保障するものとは考えていないから出ていくということです。なぜ地元の中小企業はそうみられているのでしょうか。それは地元住民の生活に欠かせない存在ではありますが、全国どこにでもある業種がほとんど、あるいは東京の下請け企業がほとんどです。したがって、人口が集中し需要の多い東京の企業、本社の多い東京の企業を選ぶことになってしまうからだと思います。

一方、東京一極集中は日本全体の人口減少の要因となっています。出生率の低下が人口減少の原因ですが、それに拍車をかけているのが東京の出生率の低さ（全国最下位）です。東京に若者が転出すればするほど日本全体の出生率は低下し、人口は加速度的に減少する、ということです。高齢者の多い地方ではいずれ高齢者が減少していく分岐点を迎え、これを過ぎると人口が加速度的に減少していくことになります。東京もいずれそういう時期を迎えます。これは世界的に見て日本沈没に外ならず、いま日本はそのシナリオに従って突き進んでいるといっても過言ではありません。今こそ、こうしたことを念頭に、人口も企業も、「地方分散」を目指さなければいけません。

しかし、人や企業には毎日の生活があり、限界があります。自治体に任せるのも限界があります。私は国家１００年の大計として国が強力に推し進めることが何より肝要かと思います。

10年ほど前だったと思いますが、国の各省庁の地方分散が検討されたことがありました。まず、自治体としてどんな省庁に来てほしいかを国に提案し、国がそれをヒアリングするということが行われました。松江市も五つほど候補を出しましたが、ことごとく拒否されました。希望する理由、移転に要する財源はあるのかなどについてこちら側が説明し立証しなければいけません。国はそれに難癖をつければいいのです。最初から移転する意思はありません。各省庁任せになっており、内閣はリードしない、これでは結論は見えています。本当に実行するつもりなら、自治体に手を上げさせるのではなく、各省庁や内閣が提案し、提案を受けた自治体がそれを検討するという形にしなければいけなかったのです。結局形だけの対応となりました。

今、岸田内閣では人口減少を深刻に受けとめ、異次元の子育て支援策を打ち出しました。もちろん、直接的な施策として子育て支援が必要なことは言うまでもありません。しかし、これが人口増加策の決め手、というものはありません。

江戸時代は各藩が経済的に独立し、人口の移動も制限されていましたが、明治時代に入って中央集権制度が確立すると政治、金、人が東京に集まるようになり、出生率も減少傾向となりました。この傾向は戦後になって顕著となりました。中央集権国家である中国や韓国なども同様の傾向がみられます。他方、アメリカやドイツのように連邦制を敷いている国家にあっては、出生率の低下は見られるものの、おおむね横ばいとなっています。これを人間の人生と重ね合わせてみると、中央集権下では中心都市に行かないと夢が実現できにくいのに対し、分権国家では各州の中で夢を実現することができる、ということが言えるのではないかと思います。

何年か前に訪れた韓国では、日本に先駆けて国の省庁の地方分散政策が進められており、友好都市晋州市では、国の住宅部門を司る部局が移転し、職員のための住宅建設が行われ、人口も増加したと説明を受けました。しかし、進学競争が激しいため、家族はソウルにとどまり、職員は土帰月来だということでした。人口増のためには地方分散が幹ではありますが、定着を図るための施策、例えば教育の充実なども併せて行う必要があるということをこのことは示しています。せっかく、韓国の取り組みの先例があるわけですので、韓国の施策が現在どうなっているのかを調べてみることも大事だと思います。

いずれにしても、人口減少対策を行うためには国民の合意が得られるような体系だった発想、戦略が求められます。誰だって、親元を離れたいとか子供から離れたいなどと考える人はいないはずです。東京一極集中が日本を沈没させることになるということが理解されるなら、これを是正していくことについて必ずや国民の理解と協力が得られるものと思います。

新春対談　目指せ !!「すみやすさ日本一」のまち
（市報 平成22年（2010）1月号より）

「学生まちづくりシンポジウム」
学生と地域社会のかかわりについて意見を交換
（市報 平成23年（2011）4月号より）

子育て環境日本一をめざして

3月末に経済産業省が1、741市町村について、利便性、教育・子育て、福祉・医療などの暮らしやすさに関する指標を貨幣価値に置き換える調査をしたところ、松江市が暮らしやすさ全国1位となりました。

現在子育て中の人、これから子育てする世代の人、子育てを見守る世代の人にも「安心して子育てできる」「子育てをするなら松江市で」と思っていただける、子育て環境日本一をめざします。

保健福祉課 ☎55-5326

妊娠

一般不妊治療費助成事業

保険適用の不妊治療や人工授精治療費を１年間４万５千円を上限に３年間助成します。
保健福祉課 ☎55-5335

母子保健コーディネーター

母子保健コーディネーター（保健師等）が妊娠から出産、子育てについての相談や制度、サービスの紹介を行います。

保健センター☎60-8155

出産

新生児聴覚検査費助成

新生児の聴覚障がいの早期発見と支援を目的に、検査費を助成しています。

保健センター☎60-8155

子ども医療費助成

小学６年生までの医療費（通院・入院・薬代）を無料化しています。
保健福祉課 ☎55-5326

困ったときは

子どもの救急診療
医療政策課☎55-5048
松江市立病院では小児科専門医が診察します。（月〜木は17時30分〜21時。土・日・祝日は10時〜17時） 問い合わせ先60-8000急患室

病児・病後児保育 子育て課☎55-5666
下記の市内5施設で小学3年生までの病児・病後児をお預かりします（利用料が必要です）。
松江市立病院すこやか保育室・松江赤十字乳児院・つわぶき保育園・比津ヶ丘保育園融合センター・つわぶきこども園

まつえファミリーサポートセンター☎32-0850
小学6年生までの子どもの学校の送迎や放課後の預かりなど、一時的な子どものお世話を援助者の自宅で有料で行います。あらかじめ会員登録（無料）が必要です。

一時保育・休日保育 子育て課☎55-5666
普段保育所に通っていない就学前児童を、一時的に家庭で保育ができない場合や保護者の育児負担解消などのため、認可保育所（園）に預けることができます。また、休日に保護者が仕事などで保育ができないとき就学前児童を預けることができます（利用料が必要です）。

保育所 幼稚園

保育料の軽減

認可保育所、公立幼稚園では、小学生以下の児童が３人以上いる場合、3番目以降の児童の保育料が無料です。

認可保育所の保育料は、国の基準から約40%軽減しています。

子育て課 ☎55-5097

保育所待機児童0（ゼロ）

25年度から27年度まで、年度当初の待機児童はゼロでした。今後は年度途中の待機児童解消をめざします。 子育て課 ☎55-5178

就学前

乳幼児の健康 ５歳児健診

乳幼児健診に加え、安心して子育てや就学が迎えられるよう、発達・教育相談支援センター「エスコ」と連携して５歳児健診を実施しています。
保健センター ☎60-8155

就学後・教育

発達・教育相談支援センター「エスコ」

乳幼児期から学齢期、青年期の発達や教育、進路などにかかわる総合相談窓口です。

「エスコ」 ☎55-5455

放課後子ども教室

放課後や週末等に、学校施設などを活用し、子どもたちが自由に遊んだり、さまざまな体験ができる場を提供しています。心豊かで健やかな子どもの育ちを地域全体で支えます。
生涯学習課 ☎55-5311

子育て世代の耳より情報

こそだてえんむすびぶっく
松江市立図書館☎27-3220
年齢別・テーマ別に５冊ずつのおすすめ絵本をかわいいオリジナルバックに入れて貸し出しています。

子育て応援サイト ママフレ
行政サービスを分かりやすく紹介している子育て情報サイトです。
検索は 松江市ママフレ

子育て支援 ツイッター
イベント情報や予防接種案内、保育所・幼稚園情報など旬な情報をお届けします！

こっころカードがもっと便利に！〜中国地方５県で相互利用可能〜

中国地方の他県でも、５県連携ステッカーを表示している協賛店でこっころカードのサービスが受けられます。
※各県のサービス内容は「こっころ協賛店検索システム」で検索
このステッカーが目印！

子育て支援センターって？

親子で安心して遊べる場所です。雨の日でも大丈夫！各支援センターで子育てのお悩みや不安などに関する相談にも応じています。開館時間や休所日については電話・ホームページでご確認ください。

子育て支援センターホームページ

子育て支援センター［あいあい］	☎60-8141
（相談専用）	☎60-8140
おもちゃの広場	☎32-1195
美保関子育て支援センター	☎55-5751
宍道子育て支援センター	☎66-1428
たまゆつどいの広場	☎62-9546
東出雲子育て支援センター	☎52-9583
鹿島子育て支援センター	☎82-9334
やくも子育て支援センター	☎67-3251
松江赤十字乳児院（育児サロン）	☎24-6418

「子育て環境日本一」をめざして
（市報 平成27年（2015）6月号より）

ルビーシティ松江

ところで、松江に人を引き付ける特徴あるものとして「Ｒｕｂｙ」を挙げることができます。しかし、初めから松江をルビーシティとして売り出そうと考えていたわけではありませんでした。きっかけは松江駅前のテルサ別館の活用が今一つだったことから、その活用策を考えることからでした。

テルサ本館は国のお金で建てられ、その運営も国の外郭団体が行っていましたが、隣接して建てられた別館は市の事業として建設され、運営も市が行っていました。しかし、貸館業務がうまくいかず、特に2階部分はガラ空きの状態でした。何とかいい方策はないかいろいろ知恵を働かせてみましたがうまくいきません。三鷹市などで成功していたＳＯＨＯ（スモールオフィス・ホームオフィス）として個人に貸し出す事業なども考えましたが、都会と違って需要は全くありません。そのうち、当時担当部長だった能海広明さん（前副市長）がある雑誌を持ってきて、こんな人が松江に住んでいるが、話を聞いてやってほしい、と言ってきましたので、会うことにしました。

ルビーというコンピューター言語を開発した松本ゆきひろ（行弘）さんという、40代前半の青年と彼が所属する会社NACLの井上社長の二人が来られました。話を聞いているうちに、井上さんのお母さんは玉造の老舗旅館の出身で、松本さんは玉造に住んでいるという玉湯つながりで話が弾みました。しかし、ルビーの話になるとほとんど分りませんでした。特にルビーを使ったプログラムはオープンになり、無償で使うことができるということがどうしても理解できませんでした。それをOSS（オープン・ソース・ソフトウエア）というのだそうです。無償だからこそ誰でも使え、さらに改善を加えることができ、益々いいものができていく、という理屈です。しかし、それでは儲けにならないから、どうして収入を得るのかいろいろ聞いてみましたが納得いく答えはありませんでした。また、ルビーは日本人が発明したおそらく最初のプログラミング言語で、世界で使用される頻度は常に10位以内という優れモノだということも分りました。

　彼らの頼みは、いろいろな人が常時出入りできる場所を提供してほしいということでした。よく分らないことだらけでしたが、儲けに使うわけではないことから、テルサの別館が空いていたので、それを提供することにしました。

　ところが、あっという間にテルサ別館はＩＴ関連会社で満杯になりました。予想外の出来事でした。というより、ＩＴの世界でルビーや松本さんがいかに評価されているかが、恐ろしいくらい分りました。要するに、イスラム教信者がマホメットを崇拝するためにメッカに参拝するのと同様に、ルビーの発明者松本さんはＩＴ関係者から見れば神様のような存在で、彼と直接話ができるということは考えられないほどの僥倖《ぎょうこう》なのです。テルサ別館を満杯にするという目的は達成しましたが、ルビー愛好者は日本だけでなく全世界に広がっているということを考えると、ルビーは松江の活性化にもっともっと貢献してくれると確信しました。

「ルビーのメッカ松江」、「ルビーシティ松江」というキャッチフレーズで松江を売り出し、たくさんの人に松江を訪れてもらうことはもちろんのこと、ルビーを使ったホームページの作成、図書貸し出しシステムの作成などにより、行政が率先してルビーを活用することなどに取り組みました。図書貸し出しシステムは他の自治体にも採用してもらいました。あのSOHOの先進地として研究した三鷹市がこのシステムを視察に来松されたときには、改めてルビーのすごさを実感しました。また、ルビーワールドカンファランス（世界大会）を松江で開催し、松江の中心性をアピールするとともに、世界の専門家を招き先端情報を発表してもらい、最新情報が松江に集約されるようにしました。

人材育成にも努め、中学の授業の中にプログラムの作成を取り入れました。今後、たくさんの人材が松江から育っていくことを期待しています。松本さんには松江を拠点にもっともっと活躍していただき、松江の名を一層高めてほしい、そして後に続く者たちの憧れであり続けてもらいたいとの思いから、松江市名誉市民の称号を贈りました。

松本ゆきひろさん

Ruby《ルビー》ワールドカンファレンス2013　(市報 平成26年(2014)1月号より)

9回目のRubyワールドカンファレンス
(市報 平成29年(2017)12月号より)

松江のこれからの産業

松江の活性化、人口減少対策として産業振興は欠かせません。しかし、合併までの松江市では、観光が主たる産業でした。東出雲との合併後は、モノづくりが加わり、産業支援センターを核として進められています。東出雲や八幡の企業団地を回って個別の要望を聞き取り、ものづくりの支援計画としてまとめました。これまではあまりものづくり企業の皆さんとの付き合いはありませんでしたが、自立したまじめな姿勢に感銘したことを覚えています。

ルビーとの出会いは先に述べたとおりです。産業振興という観点から見ると、ものづくりは生産額やGDPへの寄与度など数字となって出てきますので、分りやすいのですが、ルビーはOSS（オープンソースソフトウエア）でもあり、直接的に何かを生産するわけではありませんので、分りにくいのです。私は、ルビーが世界的に利用されるものであるならば、割り切って、ルビーの中心が松江だということをアピールして、松江を世界に知ってもらうことに徹したい、ルビーの振興は松本さんたちにお任せしようと思いました。そして、ＩＴ企業がルビーの活用を考え、松江に事務所を構えようとする動きが活発化しつつありましたので、テルサのラボを中心に朝日町の通りの空きスペースをＩＴ企業の事務所に提供し、いわば、日本版シリコンバレーにして、中心市街地の活性化に一役買ってもらおうと考えました。ルビー振興については、今、松本さんが中心となって、ルビーアソシエーションを立ち上げ、開発、保守管理技術者の養成、ルビープライズ、ワールドカンファランスなどの事業が展開されています。

ルビーシティを標榜することにより、ＩＴ企業と共同事業ができつつあります。コロナ禍にあって、ワーケーションといって、テレワーク等を活用し、普段の職場とは異なる場所で仕事をしつつ、自分の時間も過ごすという取り組みが進みつつあります。ルビーを介して知り合ったＩＴ企業が松江をその該当地に選んでくれているのです。

また、平成27年（２０１５）12月に、インドのケララ州との行政・経済交流の拡大を目指す覚書を締結しましたが、この覚書に基づき、インド青年が５市のＩＴ企業に研修に来ています。私はこれを橋渡し事業だと言っています。それは、こうして松江などで研修した青年がインドに帰り、将来経営者となった時、再び若者人材を当地に派遣していただいたり、様々な形での交流が行われるきっかけになると考えるからです。ケララには、ＩＮＪＡＣＫといって、若いころ日本企業に派遣され、現在企業の経営者になっている方々で作っておられる経済団体がありますが、５市との交流協定締結にあたって、この団体に大変お世話になりました。こうした先輩たちの経験が今後も生かされることを祈っています。

インドの大学生、松江のIT企業で研修
（市報 平成30年（2018）3月号より）

松江城天守の国宝化

20年の市長時代を通して、最もうれしく感動した出来事はなんといっても松江城天守の国宝化です。

松江城天守は、戦前は国宝保存法に基づき国宝とされていましたが、昭和25年（１９５０）に文化財保護法が制定され重要文化財となりました。その後、昭和26年（１９５１）から２か年にかけて４城が国宝に格上げとなりましたが、松江城天守はそのままとなりました。これを受けて松江城天守の国宝化運動が始まりましたが、なぜ重要文化財止まりなのか、国宝４城とどう違うか、ということの原因究明がなされないまま、議会や市長が文部省に陳情するということの繰り返しでした。結果が出ないまま国宝化運動は下火となっていき、政治課題として取り上げられることもなくなっていきました。

平成16年（2004）10月、国の文化審議会が奈良の長谷寺本堂（重要文化財）を国宝に指定すべきという答申を出した、という記事が出ていました。当時、重要文化財となっている建築物が国宝に昇格することは大変珍しいことでしたので、目に留まりました。早速職員を文科省に派遣して国宝となった理由を聞いてくるよう指示しました。同じ重要文化財である松江城天守にとっても、何かヒントになるものが得られるのではないかと思ったからです。自慢するわけではありませんが、歴史好きの私だったからこそ、この記事が目に留まったと思いますし、今から考えるとこれが松江城天守国宝化への第一歩だったように思います。

文科省から話を聞いてきた職員によれば、長谷寺本堂が国宝に昇格した理由は次のようなことだったそうです。「平成15年（2003）3月、強風により本堂の屋根が壊れたため、これを修復する必要が生じ、その前に文化庁の職員による被害の調査が行われた。その際、棟札が発見され、建築年代が確定したことが決め手となった」、ということでした。

これを松江城天守に当てはめてみると、松江城は慶長16年（１６１１）に建設されたということは伝えられてはいますが、いずれも伝聞資料で、直接的な資料はありません。もし、松江城天守の棟札が出てくれば国宝化に向かって大きく前進することになります。そこで、松江城天守の棟札を探すように指示しました。しかし、もともと棟札があるかどうかもはっきりせず、どこにあるかも分らない状況での調査でしたので、発見できませんでした。

平成19年（２００７）から5年間、松江開府４００年祭が開催されました。松江城が中心となる祭りですが、当初、松江城天守を守った先人の顕彰事業はあっても、国宝化運動は取り上げていませんでした。どうしたら国宝化が実現できるのかという出口が全く見つからない状況での運動となりますので5年後に実現できる自信がなかったからでした。

そうした中で、堀尾会の鵜鶦修一会長が市長室に乗り込んでこられました。

「松江開府400年祭で国宝化事業を取り上げないのはおかしい。ぜひ取り上げてほしい。機運醸成は自分たちが行うので、行政は調査研究をやってほしい。その結果、国宝化が実現できなくてもしようがない。やるだけやってだめならば市民も納得するだろう。しかし、何もしないのは絶対だめだ」

正論でした。2年後に選挙を控えていた私にとってはつらい決断でしたが、国宝化事業を400年祭事業に追加しました。今になってみれば、これがあったからこそ国宝化は実現できたのです。国宝化に向けて努力することを議会で申し上げ、選挙の公約にも掲げました。退路を断ったわけです。

堀尾会はその後、松江城天守を国宝にする会を設立し、堰を切ったように次から次へと事業を展開していただきました。城郭建築の三浦正幸広島大学教授を迎えての講演会、重文8城によるお城サミット、国宝化署名活動などにより、機運はいやがうえにも盛り上がりを見せました。

行政では国宝化推進室を立ち上げ、室長には大森銀山の世界遺産実現に貢献された県職員ＯＢの卜部吉博さんに就任してもらいました。そして松江城調査研究委員会を立ち上げ、委員長は神奈川大学名誉教授の西和夫さんにお願いしました。この西先生をメンバーとしたことが、その時はそう思わなかったのですが、今振り返ってみると、国宝化実現の大きな要因となったと思います。西先生は国の文化審議会の委員だった方です。そのような人が委員長を引き受けられたということは相当な勝算を持っておられたからではないかと思いますが、そのことが文化庁にも伝わったのではないかと思います。

西先生は、常々、松江城のまだ明らかにされていないことを調査し、明らかにすることが国宝化への近道だ、とおっしゃっていましたが、このことは、私たちが当時の近藤誠一文化庁長官に陳情した際に長官がおっしゃったこと、すなわち、「新たな知見を明らかにすることが重要」、という言葉と相通ずるところがあります。西先生ならば必ず新たな知見を発見される、その自信があるから委員長を引き受けられたのだろう、そう文化庁は受け止め、調査活動に注目していたのだと思います。

西先生は昔、小泉八雲賞を受賞されているように、もともと松江に対し思い入れの強い方でしたが、その方に着目し、委員長を引き受けてもらうことを承諾してもらった立役者が卜部さんでした。卜部さんも国宝化に大きく貢献したおひとりでした。

国宝化推進を宣言しましたが、恐れていたことがありました。もともと何が国宝化の決め手になるのかがはっきりしないままでのスタートでしたので、このまま時間が経過すると、国宝化の見通しはあるのか、国宝化はいつになったら実現するのか、という不満や批判が巻き起こってくるということです。案の定、議会やマスコミなどで、どうなっているのかということが出るようになりました。

西先生はそんなことに動揺することなく、黙々と調査研究を続けておられ、何か自信でもあるのではと、かえって期待感を抱いたりしました。そうした中、いつ頃だったか、誰からだったかがはっきりしませんが、『仏教芸術』60号（昭和41年発行）に掲載された城戸久さんの論文を見せられました。そこにはびっくりするようなことが書かれていたのです。

城戸さんは城郭や仏閣などの歴史的建造物の専門家で、その論文が書かれた昭和40年代初めごろには、その道の第一人者となっておられました。西先生のいわば大先輩にあたる人です。城戸さんは昭和12年（1937）、松江市の依頼により、松江城の調査を手掛けられました。その際、天守の4階に「慶長16年」と書かれた2枚の祈祷札があるのを確認し、写真も写されています。しかし、昭和30年（1955）に完了した松江城天守大修理の報告書（『重要文化財松江城天守修理工事報告書』）には、そのことが書かれていない。おかしなことだ。紛失したのだろうか。論文にはそのような趣旨のことが書かれていました。

私はすぐに長谷寺のことを思い出しました。やはり、松江城天守にも棟札（祈祷札）があったのだと。これが発見されれば長谷寺同様、国宝化がぐっと近づく、かすかな明かりが見えた気がしました。すぐに、再度調査をするように指示するとともに、懸賞金をかけて情報を収集することとしました。先に、お城の価値を高めるために大手門に関する情報に懸賞金をかけていましたので、これに追加をしたものです。しかし、時間が経過するだけでなかなか情報は届きませんでした。

ところが、まったく思いがけないところから祈祷札が発見されることになりました。松江開府400年祭事業の一つとして、本格的な松江市史の編纂を10年かけて行うこととなり、その調査の一環として神社仏閣の史料を調査することとなりました。やがて、松江神社の棟札を調べてほしいという依頼があり調査に出向いたのですが、その中でひときわ古い札が見つかり、詳しく調べた結果、どうやらそれが天守完成時の祈祷札だということが分かった、というものです。国宝化実現が大きく近づいた瞬間でした。平成24年(2012)5月のことです。平成27年(2015)3月、文化庁が内々の調査をすることが決まり、これで事実上、国宝化が決まりました。同年5月文化審議会が国宝化の答申を出し、同年7月、松江城天守は国宝に指定されました。

平成27年5月15日、答申が出た日です。その日はもともとヨーロッパへの出張出発の日でしたが、急遽、日程を繰り下げ、天守前の広場での祝賀行事に臨みました。あの時の喜び、晴れがましさ、感動は、一生忘れることはできません。私の音頭で万歳三唱しましたが、集まった皆さん方の喜びあふれる表情、雰囲気、今でもまざまざと思い出すことができます。こんな思いは私の人生で初めてのもの、「市長をやっていてよかった」、としみじみ思いました。そのあと、藤岡大拙先生、鶴鶴修一さん、私で、記者会見をしましたが、「もういつ死んでもいい」との発言があり、実感だ、同感だと思いました。

国宝化の取り組みを行う中で、一つの疑問が生じました。城戸論文が述べていること、すなわち、あの祈祷札はどうなったのか、報告書に何も書かれていないのは不審だ、ということと通じることです。

昭和12年（１９３７）には確かに祈祷札は存在した。それが昭和25年（１９５０）から始まった大修理の際には無くなっていた。少なくとも大修理が終わった昭和30年（１９５５）には無くなっていた。それが松江神社から発見されたということは、昭和12年から同30年までに誰かがお城から松江神社に運び出したということ。報告書を書いた人たちはそのことを知らなかったというよりも、祈祷札の存在そのものを知らなかった可能性が高い。だから、その存在の有無について全く触れていないのではないか。しかし、城戸論文が発表された後では祈祷札の存在は認識されたはず。だが、松江市では陳情するだけで、祈祷札を探すことはしなかった。これを要するに、松江市では祈祷札の存在を認識していなかったか、認識していてもその重要性に気づいていなかった、城戸論文の意味を理解していなかった、ということではないでしょうか。

長谷寺の棟札発見を契機に松江城天守の棟札（祈祷札）を探すように指示した時には、関係者からは城戸論文のことは話に出なかったし、たぶん認識されていなかったと思います。いずれにせよ、城戸論文が出た際に、これに反応しなかったことは事実です。このことは、「松江市の文化財行政のぜい弱性」を示しているのではないでしょうか。

なぜ文化財行政がぜい弱だったのでしょうか。私はこれまでの市政が、観光至上主義だったことが原因だったのではないかと思います。観光に力を入れること自身はいいことなのですが、逆に観光に貢献しないと判断された文化財は顧みられなくなることは問題です。文化や歴史の積み重ね、総合力が観光につながります。歴史や文化の裏付けのない観光は長続きしません。童門冬二さんも文化の裏打ちのない観光は観光ではないと言っています。

これまで、国宝化のための研究がなされず、ただ陳情を繰り返すだけだったのも、観光が目的で国宝化はその手段と考えられたからではないでしょうか。文化財関係の人材を育ててこなかったのも、そのことに原因があるのではないでしょうか。

西先生は国宝化の決定を見ずにお亡くなりになりましたが、生前、お好きだった酒を酌み交わしながら、私におっしゃったことが二つあります。一つは、お城だけではなく、松江のまちづくりについても研究を進めること、そのためには、行政だけでなく、民間も松江のまちに興味を持ち、誇りを育てていくこと。そのため、佐賀のヘリテージマネージャーを紹介していただきました。これは民間や行政の建築や歴史関係者が集まって、歴史的な建築物を調査し、その保存活用を検討する運動です。私も検討を指示しましたが、その重要性が理解されず、まだまだ根付いていないようです。これからの課題です。

二つ目は、文化財の人材育成のため、文化庁に職員派遣をすること。金沢市の例を挙げてお話しいただきましたが、先生も、松江市が人材を育ててこなかったことをよく認識しておられました。これについては早速職員を文化庁に派遣することにしました。また、学芸員資格を持つ職員の採用も行いました。

国宝化運動は国宝化が実現したら終わりではないということです。人材育成を進め、官民一体となって新たな知見を見つけ出し、松江城の、松江のまちの質をさらに高めていくことが大事です。松江のような歴史の深い都市だけができる特権です。松江には歴史的遺産がまだまだたくさん眠っています。それを掘り起こすことが松江の独自性を高める道だといっても過言ではありません。

私は、それまで都市計画部という名称だったまちづくり担当部を歴史まちづくり部に改称しました。これは萩市の部の名称を参考にしたものですが、歴史を基本にしてまちづくりを行うという松江のまちづくりの方向性を示し、市民にも理解、協力してもらいやすいと考えて、名称変更をしたものです。

まちづくりには市民の皆さんの理解、協力は欠かせません。都市計画部では全国どの都市でも通用するもので、松江の特徴は出ません。全国一律のまちづくりをしますと言っているようなものです。松江は先人の努力により松江城天守は破壊を免れ、江戸文化の雰囲気が強く残るまちとなっており、それが松江の特徴となっています。しかし、江戸時代は城下町だったまちでも、明治時代の「廃城令」などにより、お城がなくなったまちは、往々にして、そうした城下町の文化が薄くなってしまい、どこにでもある特徴のないまちとなりがちです。お城を残してもらったことがその後のまちづくりにいかに影響しているかは言うまでもありません。歴史まちづくり部という名称は先人たちへの感謝の気持ちを忘れないことを示す意味でもあるのです。

松江城の国宝化に向けて市役所本庁舎に懸垂幕を掲出
（市報 平成22年（2010）2月号より）

文化庁長官を訪問し、松江城の国宝指定を求める要望書と、「松江城を国宝にする市民の会」により集められた12万8千44人分の署名簿を提出 （市報 平成22年（2010）11月号より）

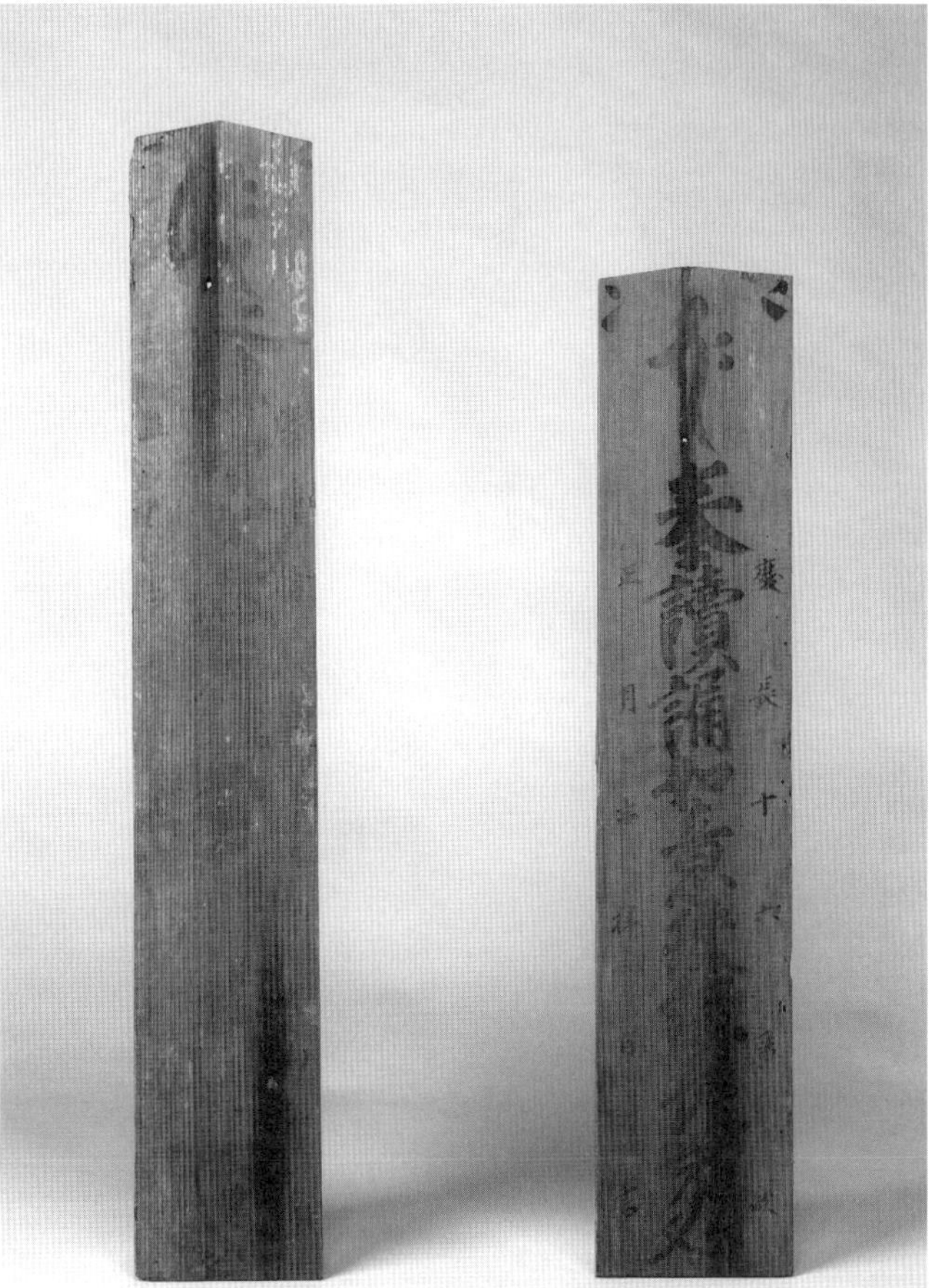

松江城天守の創建年特定につながる祈祷札が松江神社で見つかる
（市報 平成24年（2012）5月より）

松江城、念願の国宝に！

国の文化審議会は27年5月15日、市のシンボルである「松江城天守」を国宝に指定するよう下村博文 文部科学大臣に答申しました。1950（昭和25）年の文化財保護法施行に伴い、重要文化財に指定されてから65年越しの市民の悲願がかない、城下町は喜びにわきました。

明治維新後の廃城の危機にも、地元有力者らは天守を保存。2009（平成21）年に設立された「松江城を国宝にする市民の会」は国宝化を求める12万8044人分の署名を集めました。

市民が誇りとしてきた松江城が名実ともに認められる今、お城に対する「おもい」と責任を胸に、城下町の風情を生かした特色と活力のあるまちづくりを推進していきましょう。

西和夫著
「松江城再発見」800円（税別）
※松江歴史館内ショップや県内主要書店で販売中

2015（平成27）年
文化審議会が松江城の国宝指定を文科相に答申。官報に告示後、正式に国宝に

2012（平成24）年
西和夫氏の学術調査によって天守の構造的な特色が明らかとなる。また、所在が不明であった2枚の祈祷札が松江神社で再発見され、その後の調査・研究によって、慶長16（1611）年とされてきた天守の完成時期が明確に裏付けられる

発見された松江城天守祈祷札
（松江歴史館蔵）

2010（平成22）年
市が「松江城調査研究委員会」設置。委員長に西 和夫氏（元建築史学会会長、神奈川大名誉教授）就任

「松江城を大切に思う熱意をベースに、正確な理解と広い探究心が大事だ（西氏）」

西 和夫氏

松江城国宝指定までのあゆみ

1600（慶長5）年
関ヶ原の戦い。徳川家康が堀尾忠氏を出雲・隠岐24万石に封じ、領主として富田城（現安来市広瀬町）入城

1604（慶長9）年
忠氏が死去。忠氏の父 堀尾吉晴が忠氏の息子 堀尾忠晴を後見

1607（慶長12）年
松江城と城下町の建設開始

1611（慶長16）年
松江城築城。堀尾一代、京極一代、松平十代の居城となる

1873（明治6）年
「廃城令」公布

1875（明治8）年
松江城諸建造物が民間に払い下げられる。天守も180円で落札されたが、松江藩下級藩士高城権八と出東村（現出雲市斐川町）の豪農 勝部家が買い戻し、取り壊しは中止、保存されることになる
※当時米一俵が3円弱

1935（昭和10）年
旧国宝保存法に基づき天守国宝指定

1950（昭和25）年
文化財保護法施行。天守は重要文化財に

2009（平成21）年
「松江城を国宝にする市民の会」設立。翌年1月上旬より国宝化を求める署名活動開始。10月に松浦市長と「市民の会」代表が要望書と署名を近藤誠一文化庁長官に提出。長官から

「新たな知見が大事である」

との発言がある

松江城天守での署名活動
（2010年3月7日）

松江城、念願の国宝に！
（市報 平成27年（2015）7月号より）

松江市史編纂事業について

松江市史の編纂については、多くの方々に11年間という長い間、大変お世話になりました。藤岡大拙編纂委員長、井上寛司編集委員長をはじめ、事業に携われた皆様のご努力に対して、心より感謝しています。

市史編纂事業が始まるきっかけは、平成19年（2007）4月から始まる松江開府400年祭でした。400年祭事業の一つに位置付けられたからです。また、これまでも松江市誌はありました（例えば昭和16年版松江市誌）が、60年以上が経過し、その間の新たな歴史研究成果を取り入れる必要が生じていましたし、合併が終わったわけですので、作る以上新市を対象にしたものとする必要がありました。そして、国際文化観光都市である松江市としては、ぜひとも全国的、世界的視点に立った市史の編纂を行うことが求められていると考えました。

平成20年（２００８）４月の組織改編で文化財課内に史料編纂係を、翌年には史料編纂室を新設し、事業の準備態勢を整えました。また、藤岡先生を中心に「松江市史編纂基本計画」をまとめていただき、これに沿って松江市史編纂事業が行われたわけです。

平成21年（２００９）６月の第一回市史編纂委員会の折には、私も出席し、「未来へつなげる素晴らしい市史を作って行こう」と、委員の皆さんとともに決意いたしました。一方では、計画に定められた史料編11巻、通史編5巻、別編2巻、計18巻に及ぶ過去に例のない事業を進めるにあたり、市長である私にも、予算や編纂体制などについて大変厳しい心構えが求められました。これまであまり光が当たらなかった分野に、議会の了解を得て10年間予算と組織人員を確保しなければいけません。市政の中でも、10年に及ぶソフト事業はほとんどありませんし、計画どおりに実施できるのかという一抹の不安もありました。

『松江市史編纂のあゆみ ―松江市史編纂事業記録集―』の「はじめに」において、藤岡編纂委員長は、事業を振り返って、次のように述べておられます。

「松江市史が完成した。・・・私の経験であるが、そもそも市町村史誌の編纂は、当初の計画通り完成することは、まず皆無である。その理由は一概には言えないが、執筆態勢の脆弱、行政の支援不足などがあげられる。ところが、松江市史編纂の場合は、驚くべきことに、ほぼ計画どおりに進行したのである。毎年開催される編纂委員会で、進捗状況が報告されたが、計画通りに進んでいることに、驚きを禁じ得なかった。・・・・・市当局も、決して豊かな財政事情ではなかったが、編纂開始当初の方針を基本的に守って、支援を怠らなかった。編纂課のスタッフも、史料収集、整理などの地道な作業を進め、執筆者を支えた。財政その他でバックアップする市、執筆者の研究を支える史料編纂室（課）、研究と執筆に専念する執筆者、この三者のコラボが見事に開花した。それが松江市史である。恐らく、今後各方面から高い評価が得られるだろう」

私も、約束の一端を果たすことができたことにほっとした思いを抱くとともに、お褒めをいただいたことに感謝いたしております。

完成した松江市史は、島根県内における初めての本格的な自治体史と言われています。それも全国の第一線で活躍される約１８０名の研究者にご協力いただき、結果として、松江の歴史研究のレベルが底上げされ、膨大な数の貴重な史料を収集・整理・保存することができました。その過程で松江城天守の完成年を確定させた祈祷札が見つかったことは、市史編纂事業の推進にも大きな励みとなり、これが決め手となり松江城天守は国宝に指定されました。

市史編纂を通じて、松江市の歴史や文化への知見は数段深くなったと思っています。松江市ではこれからも歴史や文化を生かしたまちづくりが進められると期待していますが、市史編纂での成果は、まちづくりの基盤であり、未来への財産だと思っています。

歴史好きの私も愛読した、「松江市ふるさと文庫」をはじめとする市史関連の出版物は、市内の書店でも販売され、多くの読者に恵まれました。また、月例の市史講座には毎回多くの参加者があり、マーブルテレビでも人気番組でした。

編纂事業が計画通り進み、多くの成果が得られたことは、携わっていただいた先生方のみならず、松江の歴史と文化を大切にする市民の皆様の心意気が下支えとなっていたと思っています。

第1回松江市史編纂委員会
平成21年(2009)6月

最後の松江市史編纂委員会　市長としてお礼の挨拶
令和2年(2020)2月14日

松江歴史館

平成12年（２０００）の松江市長選挙の遊説中、松江市文化財保護審議会委員だった乾隆明さんから、「松江市の文化財の保管状態は極めて劣悪なので、資料館を作ってほしい」と要望されました。当選後、古文書を読む会の藤岡大拙先生からも同様の要望がありました。そこで現地に行ってみたところ、興雲閣が郷土資料館となっており、その周辺に粗末な倉庫がいくつかあり、そこに文化財が収納されていました。放っておけばいずれ雨漏りがするような劣悪な環境でした。

市長に就任したばかりで、市の財政力も、何が優先課題かも分らない状態でした。しかし、松江は国際文化観光都市だと言いながら、文化財の保管がこんな状態ということはどういうことだろうかと考えたとき、観光を進める一方で、そのもととなっている文化財行政がおろそかになっている、このままでは、観光都市松江はいずれ崩壊してしまう、という危機感に襲われました。どのような規模のものをどこに作るかということはさておき、資料館の必要性を痛切に感じたところです。

こうした建物を作る場合、必ず問題になるのは、作るか作らないか、作るとすればどこに作るか、ということです。多額の税金を使って建てるわけですから、これを利用する市民に投げかけて、その意見をもとに結論を出すというやり方がもっともな方法なのですが、これだと、結論が分かれてしまい、結局、最終的には市長が決定しなければならなくなります。自分で火をつけておいて、最後は自分で始末しなければいけなくなるのです。投げかけた市民には不満が残ってしまいます。資料館を作ることと場所についてはあらかじめ市長が決め、議会で表明することとしました。

問題は、場所をどこにするか、ということです。文化財関係者の意見を聞く中で、当時売却の意向があった旧日銀支店長宿舎（旧家老屋敷跡地）周辺を候補地とし、議会で表明しました。場所についての異論は市民や議会の中からは出ませんでした。

担当部局を、文化財を所管していた教育委員会とし、基本構想の策定やこれに続く基本計画の策定、そして用地買収へと進んでいきました。けれども用地買収がなかなか進みません。考えてみれば教育委員会に慣れない用地買収をしてもらうことが間違いでした。配慮が足りなかったと痛感しています。その後、担当部局を観光振興部に変えました。資料館が観光施設だからというのではなく、用地買収に慣れた職員がいるからという理由です。用地買収を早期に進めたかったのです。おかげで施設建設は円滑に進めることができました。しかし、このことが後に、施設は観光施設（収益施設）だ、という誤解を与え、議会で追及されることとなったのです。

用地買収が終わり、いよいよ建設。まず、基礎工事のため土地を掘り返しました。そうすると、宍道湖の湿地帯だった時の地層、堀尾期の地層、京極・松平期の地層がそれぞれはっきりと出現しました。最下層はシダが敷き詰められ湿地を固める当時の工夫が現れました。また、堀尾期以降の層からは茶碗や櫛《くし》などの日用品が出てきました。こうした状況を受け、「この地層を中国西安の兵馬俑《へいばよう》のように残すべき」「歴史館はほかに作れ」という運動が起こりました。

先に述べたように、場所の決定は広く市民の意見を聞いたものではなかったため、対応に苦慮しました。職員から大阪城の近くにある大阪歴史博物館の方式が参考になるのではないかと提案があり、見学に出かけました。地下1階部分に難波宮遺構が保存され、それをガラス張りの床から眺めることができるようになっています。これを参考にして、地層を一部保存し、上から見えるようにしました。常設展示場の最後のコーナーにガラス張りの地層展示がありますが、これはそうした経緯からできたものです。

こうした反対運動への対応のため、歴史館の開館は、1年遅れ、平成23年（2011）3月19日となりました。ところが、その直前に東日本大震災が起きました。日本全体が悲しみに沈んでいる中で、大々的に宣伝し、にぎやかにオープニング式典を行うことなどとんでもないという雰囲気が充満していました。まさに出ばなをくじかれてしまい、当初見込んでいた入館者も大きく落ち込みました。議会でもなぜ入館者が増えないのか厳しく追及されましたが、歴史館は収益事業を目的にしたものではなく、文化財の保管が主たる任務だといって切り抜けました。

当初、歴史館はお城のオリエンテーション機能を果たしてほしい、ということから、お城の登閣者の半数くらいは入館者と見込んだのですが、まったく当てが外れました。歴史館の宣伝ができなかったこと、天守が国宝になって登閣者が倍増しましたが、その人たちの目的は明らかに国宝を見るということで、お城をもっと知りたいということではないこと、お城から歴史館へのルートがよく分らないこと、歴史館の展示内容が一般の観光客になじみのないものが多いこと、などがその原因と思われます。今後の課題です。

一方、歴史館建設の本来の目的は、「文化財の保存」であり、それは十分果たすことができました。歴史館という立派な保存施設ができたことで、市内などに眠っている貴重な文化財を保管してほしいという要請が多数出て、歴史館の館蔵品を充実していくことができました。

しかしながら、歴史館ができて10年以上が経ち、エアコンの老朽化、保管スペースの手狭化、常設展示の見直しなど、施設そのものにも課題が山積しています。計画的に解消を図っていく必要があります。

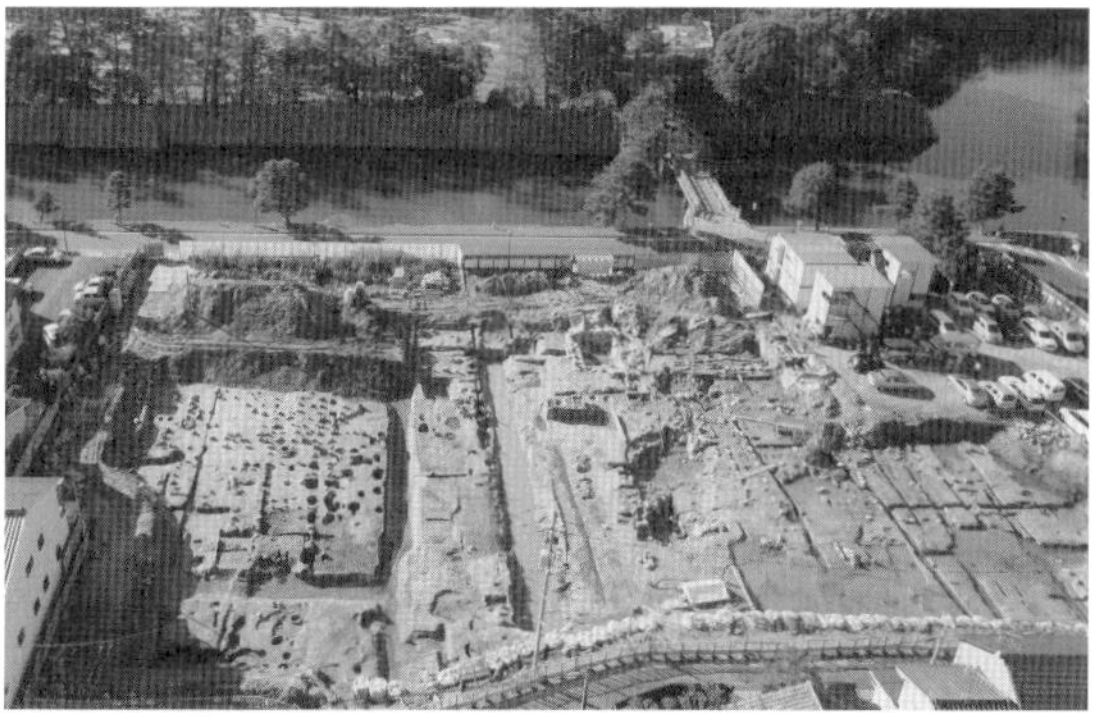

松江歴史館建設予定地から出土した松江城下町遺跡

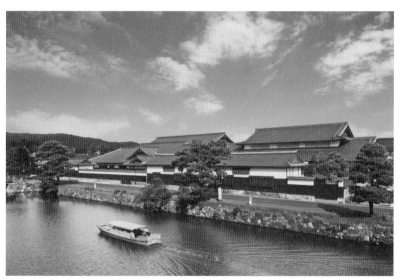

松江歴史館

松江歴史館観覧者50万人達成　（市報 平成29年（2017）10月号より）

松江歴史館入館者150万人達成
（市報 平成30年（2018）10月より）

松江市の観光

松江市は、京都、奈良と並んで、「国際文化観光都市」です。昭和26年（1951）、当時の小林誠一市長の大変な努力の結果、松江国際文化観光都市建設法が施行され、現在も継続しています。松江市民は日本で京都、奈良というビッグネームと肩を並べていることに誇りを感じています。しかし、日本を代表する観光地だと自信をもって考えているかというと、いささか疑問がありま す。「日本三大お茶どころ」、「和菓子どころ」だと言いますが、日本人全体がそう考えているかというと、どうでしょうか。私は市長就任以来、松江は何をもって観光地と市民は考えているのか、何か空回り、焦りがあるのではないかと考えてきました。

観光とか観光地とは何か。たくさんの人が訪れる、しかも、一過性でない、そうしたところを観光地というのでしょう。しからば、一過性でなくたくさん人が訪れるのは何を求めてなのでしょうか。私は、それは自分や自分が住むところと比べて、興味深い、非日常的、感動的、刺激的、勉強になるものがあって、その後の自分の人生にとって滋養となるからなのではないかと思います。すべて、自分との比較から始まっているように思います。

観光に対する日本人や中国人とフランス人との違いを感じることがあります。どちらも自分への刺激を求めてなのですが、日本人や中国人は、他人の評価が高いものは自分にも当てはまると考え、たくさんの人が訪れるところに行く傾向があります。しかし、行ってみると評価ほどではないということが多く、一過性に終わることが多いように思います。大河ドラマで有名になったところなどがそうです。

一方、フランス人は、自分だけの観光地を持つことを自慢するのです。自分の価値観をもとに徹底して調べ、マイ観光地を決め、他人には教えないのです。

したがって、訪れた時の感動は大きなものがあると思いますし、永続性や発展性があります。しかし、たくさんの観光客は期待できないのかもしれません。

どちらがいいかは一概に言えませんが、私はフランス人のやり方に魅力を感じます。フランス人が何に刺激を受けたのかを分析し、それを広く宣伝することができれば、たくさんの観光客を呼びよせることも可能ではないかと思います。例えば、フランス人は八雲和紙の製作現場を訪れる人が多いそうですが、西洋紙にはない手作り感に興味を持つのでしょう。日常生活で今の日本人はこうした和紙をあまり使わなくなっていますが、フランス人ならどのような使い方を考えるのでしょうか。なんとなく、小泉八雲が日本の伝統文化に対し感じた感覚と似たところがあるように思われます。こうした感覚を私たちももっと考えてみたらいいのではないでしょうか。

また、フランス人は、松江城にはあまり興味を持たないそうです。確かに、国宝に指定される前と後とで建物自体に変化はないわけですので、国宝に指定された後にたくさんの人が訪れるのは何に期待してなのか、どういう理由なのか。国宝になったお城を見たことに意味があると考えているのでしょうが、こうした感覚はフランス人から見るとよく分らないということになるのでしょう。

国宝の決め手となった新たな知見とは何か、なぜ、日本のお城は石垣、寺院、櫓の組み合わせとなっているのか、こうした城郭建築がわずか100年で姿を消したのはなぜか、西洋と日本との戦のやり方の違いからくる築城の特徴（世界遺産登録の決め手となると考えられます）、築城ラッシュで、建築資材の不足が予想されたにもかかわらず、なぜ、堀尾吉晴はお城を富田から松江に移したのか、吉晴の秀吉、家康と渡り歩いた生き方をどうみるか、それにしては三代で改易となったのはどうしてなのか、こうしたごく普通の疑問に分りやすく応えることが必要だと思います。

これまで、松江市では文化や歴史は観光が受け持ってきました。文化や歴史は観光の一手段だと考えたからです。このため、文化や歴史を専門的に掘り下げることがなされてきませんでした。作家の童門冬二さんの話を聞く機会があり、文化、歴史に裏付けられない観光は観光ではないとおっしゃっていました。

たくさんの人たちに長年かかって受け継がれてきた文化芸術、歴史的な事実に裏付けられているからこそ感動を呼ぶのだということだと思います。松江はまさに文化と歴史が積み重なったまちです。これをうまく活用すべきです。

松江市に滞在する観光客の平均時間は2時間から2時間半となっています。お城と堀川遊覧船が終われば次の目的地に移動しているのです。滞在型観光地ではなく、通過型観光地となっており、観光客が落とすお金も限定的となるのです。これを解消するためには、まちなかの魅力を増やすことなのですが、それも、数を増やすことではなく、他の地域に比べて魅力が質的に優れていることが必要です。しかし、松江市は他都市に比べても、文化や歴史が優れているのに、どうして通過型になっているのでしょうか。それは、移動手段に車やバスが使われ、一日のうちにどれだけの数の観光地や施設をめぐるかが観光の充実度だととらえられているからではないかと思います。こうした傾向は団体旅行に見られがちですが、個人旅行であっても数をこなそうと考えれば同じことになります。

すなわち、これからの観光には明確な目的を持ったものにしてもらうことが大事ですが、それができるように、観光地の特徴をPRすることが大事です。「松江はいろいろな切り口の観光を用意しています、また、1日コースや1泊2日コース、2泊3日コースなどがあり、目的と持ち時間に応じた観光が楽しめます」というようにです。観光客に自分でコースを設計してもらうようなこともできるようにしたらいいのではないかと思います。

また、松江市内はアップダウンがあまりないという特徴があります。したがって、まち歩き観光に適しています。魅力のあるコースが設定できれば、滞在型観光地づくりができるのではないか。すなわち、松江の文化・歴史と地形上の特徴を重ねれば、滞在型観光地を実現することができると考えました。しかし、ただ単に歩いて眺めるだけでは魅力はもう一つです。地元の人たちとの会話や交流があれば、一層刺激的で楽しいものになると思います。たとえば、塩見縄手から知事公舎横の坂を上って明々庵、そこから石橋町に降りて行って、醤油屋、魚屋などを店の人たちの説明を聞き、会話しながら歩くコースを考案しましたが、大変楽しく過ごすことができました。ただ今でも続いているかどうか分りません。

以上述べたように、松江市は観光の基盤となる文化や歴史が根付いているとともに、まち歩き観光に適した地形になっています。こうしたことをもっと発信し、たくさんある観光の素材を提供していくことが大事だと思います。

例えば、「松江市史編纂コラム」、「調査コラム―史料調査の現場から―」が、これまで合わせて百数十回にわたって松江市のホームページ上で公開されています。これらの中には観光の素材として使用できるものがたくさんあります。大変な努力の結晶だと思いますが、観光という視点でもう一度まとめなおすことが必要だと思います。歴史文化財部局と観光部局とが一緒になってまとめれば、全国の歴史愛好家の知的好奇心を刺激することが期待できます。

市長時代から、松江市は潜在的観光地と言われてきましたが、顕在型観光地に変えることはできませんでした。今後、潜在的観光地から脱却するためには何をしたらいいかを、もっと具体的に考え、努力することが必要です。

堀川遊覧

ホーランエンヤ

どう行列

武者行列

宿泊税

松江市は、「国際文化観光都市」です。市民の皆さんも京都、奈良と並んで松江市が指定されていることを誇りに感じています。観光は松江市の最大の産業です。行政として観光事業を推進するのは、観光事業が最大の外資導入産業だからです。観光客はほとんどが市外、県外からのお客で、施設見物、宿泊、交通、食事、買い物などでお金を市内に落としてくれるのです。ほとんど市外へ出ていくお金はありません。外国からの観光客のことを考えてみれば分かるはずです。

ここで、観光産業の仕組みを考えてみましょう。観光の目的はたくさんのお金を市内に落としてもらうことですから、たくさん観光客を呼び込むことが大事です。そのためにはその地域の魅力を作り出す、あるいはさらに磨きをかける必要があります。例えば、自然や文化財をもっと整備する、歴史を掘り起こし興味を高める、文化を現代人にマッチしたものにする、宿泊施設をソフト・ハード両面から安全・快適なものにする、地元食材を使ったおいしい食事を考案する、インフラ整備やルート設定など交通の利便性を高める、などなどです。また、こうしたことを実現するのは人ですから、人材育成が欠かせません。さらに、こうした魅力をPRし、観光客に選んでもらい、足を運んでもらうことがなによりも大切です。

こうしてみると、観光事業はたくさんの人が関係しており、なおかつ、総合的、計画的にまとまって対応することが必要だということが分かります。このためには中心となる頭脳が必要となります。この役割を果たすのが観光協会です。もともと、こうした役割は行政が行ってきましたが、行政の宿命として、2、3年で担当者が代わってしまい、継続性が保たれません。そこで、観光協会を作ったのです。

当初は行政が兼ねていましたが、事務局を物理的に独立させるとともに、トップも市長が兼ねていたものを、民間の関係者にして独立させました。しかし、実態は人もお金も行政の丸抱えです。また、年間計画も事務局が立てたものを追認するだけです。こうなると、観光協会という組織はあっても実際は行政が運営しているのですから、観光協会の存在意義は薄くなり、観光関係者は観光協会ではなく、行政を見ることになります。これでは観光協会を作った意味はありません。観光関係者は自分の事業だけを優先させ、全体として観光客を増やすことには熱心ではなくなります。まさに、木を見て森を見ない状況が出来上がってきました。観光客を増やすのは行政の役割だと考えるようになります。

宿泊税を導入しようと宿泊関係者に説明した時、「観光は行政の責任だ」という発言も出ましたが、まさにこうした意識の表れです。行政、観光協会、観光業者の関係をどうすれば観光の推進が図れるのか、大きな課題となりました。

こうした問題の解決の糸口を探るため、平成30年（２０１８）から翌31年にかけて、私はアメリカとフランスの観光の仕組みを調査しました。アメリカはニューオリンズ外2市を視察しましたが、３市ともほぼ同じ仕組みでしたので、ニューオリンズの状況をお話ししたいと思います。

アメリカの仕組みで特徴的なことは、行政がホテルからホテル税を徴収し、その一定割合（80％以上）を観光協会に繰り出しているという点です。ホテル税は宿泊客のホテル利用料金に上乗せして各ホテルが徴収し、これを行政に納めるものです。協会はこれを財源として観光ＰＲ、観光事業者への情報提供、観光客誘致のための営業活動などを行います。したがって、ホテル税を財源として活発な活動が行われ、これにより宿泊客が増えれば、ホテルの収入が増えます。一方、協会にとってはホテル税を財源とした行政からの収入が増えるということになります。いわばホテルと協会が宿泊客を増やすことを目的として契約を結び、その対価としてホテル税を支払う、という関係といってもいいと思います。ニューオリンズの協会関係者の次のような発言が、アメリカの観光の仕組みをよく表しています。

「ニューオリンズには観光を扱う行政のセクションはありません。観光は数ある産業の一つと考えられています。したがって、観光の目的は地元にどれだけお金を落としてもらえるか、それを実現するために協会が存在しているのです」

この点、日本では協会に人とお金を行政が出していますが、納税者の立場からすれば、数ある産業の中で、なぜ観光に自分たちの税金を支出するのか、人的支援をするのか、目的や理由があいまいだと言わざるを得ません。また、観光関係者から見れば、協会に経費負担していないのだから受益も期待しない、ということになってしまいます。観光協会は行政の肩代わりのように見えてしまうのです。

次にフランスです。ボルドー外2市を視察しましたが、仕組みはほぼ同じですので、共通点をご紹介します。まず、観光協会については、20世紀の初め頃、法律に基づき設立された歴史ある組織です。また、宿泊税については、アメリカと同じく宿泊料金に上乗せして徴収されるもので、法律に基づき全自治体が課税しています。問題は行政と観光協会との役割分担です。

この点はなかなか分かりにくいのですが、施設整備などのハード部門は行政が受け持ち、ソフト部門は協会が受け持つ、ということでした。具体的には、観光施策の大きな柱、方針（歴史遺産の活用、自然の活用、ワインの活用、市民も楽しめるもの、食を生かすなど）については行政が定め、協会と契約を結び、協会はその契約に基づき具体的な事業を企画、実施し、その事業費（人件費を含む）の財源を宿泊税の中から配分してもらうというものです。

アメリカ、フランスと日本を比較して違うのは、「行政からの協会の独立性」です。アメリカはもともと行政部門がありませんし、フランスは行政との契約という形で独立性が保たれています。一方、日本の場合は協会の設置目的があいまいで、行政の肩代わりのような存在です。

私はフランスの仕組みを参考に観光協会の独立性を確保することを考えるべ

きだと思います。まず、観光協会の事業は協会が独立して企画・立案・実施する仕組み（プロパー職員の採用，事業の企画・立案・実施が可能な組織体制など）を考える、行政は事細かく事業を企画するのではなく、大きな方針を立てる。この方針に基づき観光協会が企画した事業について契約を結ぶ。その事業実施に必要な財源として、宿泊税から配分することを考えていくべきだと思います。

こうした考え方を観光関係者、特に宿泊業者に説明しましたが、理解されませんでした。利用料金に上乗せして宿泊税をとることについて、松江だけが実施すれば宿泊者が他の自治体に逃げてしまうのではないか、というのです。しかし、上乗せする額はせいぜい２００円程度です。一方で、宿泊業者は観光客が増える時期には自分たちで勝手に料金を増やしたりしているのにです。

宿泊税を何に使うのかがはっきりしないとも言います。そうではなく、自分たちが何をしてほしいかを考えることが大事なのです。それを考えるのが観光協会なのです。自分たちが知恵を出しあって観光実施計画を作るのです。それを今までは行政任せにしてきたから急に言われても考えつかないかもしれませんし、行政がやるものだという考えが頭から離れないのでしょう。観光客からいただく宿泊税を使って、他の自治体とは一味も二味も違った観光地を作る、それによって松江を選んでもらう、そのように考えてほしいのです。

このことに関連して、このほど「観光戦略プラン」が策定されたことが市報松江で報じられていました。もう少し詳しく見てみたいと思いネットで検索しました。私が知りたいと思ったのは、なぜ今、何を目的にプランを策定したのか、ということでした。全国的にコロナで落ち込んだ観光を早急に立て直さなければいけない、全国に先駆けてプランを作り、将来とも持続可能な観光にしていこうということかと読み取れました。

次に、このプランは誰に向かって発信し、誰が推進していくのか、ということです。その点がはっきりしません。推進組織のところを見ると、DMO（観光協会）が中心に描かれていますので、DMOが中心組織として推進していくのだと、かつ、財源は宿泊税を考えていると思われます。これで一見つじつまが合っているように思いますが、プランとＤＭＯとの関係が明確になっていないのです。プランはあくまで方針ですから、これに基づく実施計画をだれが作るのか、ということがはっきりしていません。また、ＤＭＯが実施する事業の財源は宿泊税とすることは書かれていますが、誰から徴収するのか、ということが書かれていません。こうした点については、先に述べたようにフランスの仕組みを参考にすべきだと思います。

行政との契約（委託契約）に基づき、ＤＭＯ（観光協会）はプランを実施するための実施計画を策定し、これを実施する。行政は観光客から宿泊税を宿泊業者を通じて徴収し、実施計画の実施に必要な財源としてＤＭＯに交付する。今回プランを作った最大の目的はこの点にあることをもっと強調すべきだと思います。そうでないと、なんで今更戦略プランなのか、これまで国際文化観光都市松江には戦略プランもなかったのか、ずいぶん観光行政は遅れていたのかと市民は思ってしまいます。

さらにもう少し考えてほしいのです。人口減少が続き税収が減っていくと、なぜ観光だけに税金を使うのかという批判がいずれ出てきます。そうなると、観光協会は解散し、人もお金も引き上げる、観光分野に行政は手を出さないということになりかねません。

もともと、行政が観光に税金を使うことになったのは、ガリオア資金を持ち出すまでもなく、戦後の日本が貧しい時代に外国からの資金援助を必要としていた時期に、外国人観光客を呼び込み、外資を稼ぐことが正当化されたからでした。豊かになった現在においては、観光に税金を投入することは、他の産業との並びから言って問題があるのではないでしょうか。

この点、観光関係者には冷静に考えてみていただきたいと思います。松江は国際文化観光都市です。宿泊税によって松江の観光にさらに磨きをかけてもらいたいと思います。

玉造温泉街

国際交流

まちづくりの一環として国際交流にも力を入れてきました。国際交流は、それ以前からもありましたが、盛んになったのは、いわゆるバブルの時代です。

毎年使いきれないほどに税収が大幅に増え、余った収入でたくさんの基金が造成されました。国際交流基金もそのひとつでした。自治省でも自治体国際化協会が設置され、アメリカ、イギリス、フランス、ドイツ、中国、韓国、シンガポール、オーストラリアに事務所が設けられました。各国の地方自治の情報や姉妹都市（友好都市）締結の支援、地方自治体の視察のアテンドなどが主な仕事でした。各自治体でも国際交流協会が設置され、国際交流の環境が整うことになったのです。

松江市では平成６年（１９９４）、小泉八雲の縁でニューオリンズとの姉妹都市締結が国際交流の始まりです。（アイルランドとはそれ以前から、八雲やアイルランドの文化の普及を通しての交流を行ってきています）

その後、平成11年（１９９９）に韓国の晋州市、中国の吉林市と、私が市長になってからは、平成15年（２００３）に中国杭州市と、その翌年に中国銀川市と友好都市締結を行いました。

平成11年（１９９９）は松江市制施行１１０周年の年で記念式典が行われましたが、私は地元出身ということで招かれ、同時に行われた晋州市と吉林市との友好都市締結式に立ち会いました。

杭州市とは、西湖マラソンや杭州第十四中学校と松江市立女子高等学校との交流など、以前から交流をしていましたが、平成14年（２００２）に私が杭州市を訪問し、杭州市長に面会し、友好都市提携をお願いして実現したものです。杭州市はかつて南宋の首都だったところ（当時は臨安）で、歴史、文化が深く、マルコポーロもこの地を絶賛しています。また、世界文化遺産の西湖という湖があり、ここを中心にして観光地づくりが進められています。松江市のまちづくりを行う上で見習うべき事柄がたくさんあると考え、友好都市提携を進めたところです。早速、杭州事務所を作りました。私は松江から市の職員を派遣した事務所にしたいと思っていましたが、中国の法制でそれは難しく、現地の人に委託せざるをえず、うまく機能しませんでした。

銀川市とは島根県が銀川市を含む寧夏回族自治区と提携し交流していたこともあって、以前から交流はしていましたが、北京から離れたところでもあり、私自身はあまり乗り気ではありませんでした。平成14年（2002）、杭州市訪問の前にぜひ立ち寄ってほしいという強い要請があり、立ち寄ったところ、銀川市長が私の前に友好都市締結契約書を出してきて強引に締結を迫ってきました。私は締結するためには市議会の議決が必要なのでそれは無理だといったところ、それでは今後必ず締結するという覚書にサインを求められましたので、同行した市議会議員の了解を得てサインをしました。その後、平成16年（2004）に友好都市締結を行いました。こうした経緯を経て友好都市となりましたが、日本との友好交流を指導している中日友好協会はもともと銀川市が本命だったように思います。ところが、松江市は吉林市を指定してきたので、これを中日友好協会に認めさせるのに大変な苦労があったそうです。伊藤忠志さん（のちの助役）は北京で一日中缶詰となり、まるで労使交渉のようだったと語っておられます。

このようにして国際交流が進んだのですが、常に順調だったというわけではありませんでした。

平成17年（2005）、ニューオリンズを襲ったハリケーンカトリーナの被害は甚大で、松江市からも義援金を送りましたが、交流は長い間途絶えてしまいました。再開のきっかけとなったのは、日本庭園管理協会のJ・Ｓｔｒｏｎｇ会長の来松でした。会長はハリケーンで破壊された日本庭園の再整備に尽力されており、氏からの要望は、以前、松江市が送った灯篭が壊れたので、同じものを送ってほしいというものでした。私は快諾すると同時に、両市の交流再開を希望しているので、間に立ってほしいとお願いしました。会長からは在ニューオリンズ名誉総領事のＤ・Ｆｒｅｓｈさんを紹介していただき、Ｆｒｅｓｈさんからは、新しい市長に会って交流再開を要請してもらいたい、ということになりました。

平成23年（２０１１）10月、ニューオリンズを訪問し、両市の交流再開に合意しました。私にとってニューオリンズは30年前、初めて外国出張した時の訪問地でしたが、姉妹都市の市長として30年ぶりに訪問したことに不思議な縁を感じました。

韓国や中国との交流は度々中断しました。慰安婦問題、尖閣諸島の国有化など、国家間の問題が起こるたび先方から交流中止の申し出がありました。

私は国家間の問題と地域交流は別問題と考えていましたので、どうして切り離して考えられないのかと思いました。共産党一党支配の中国はともかくとして、韓国がどうしてと思いますが、中央政府が反日的な対応をした場合、それに反して交流を続けるなど親日的な対応をすると猛烈な反発を受けることになります。反日ということでは、個人の意見はともかくとして、反対できない状況が出来上がってしまうのです。職員どうしの情報交換は続いていますが、いまだに本格的な交流再開には至っていません。

その点、中国では事情が違います。国どうしが対立していても地域交流は別だと割り切っています。むしろ、地域交流が続くことによって国どうしの対立を和らげていこうと考えているようです。中国ファンを増やす手段として、地域交流が利用されているように思います。尖閣の問題が起きて交流が途絶えたことがありましたが、1年ほどして私が杭州市を訪問した際、「我々は嵐の中を訪ねてくれた友人を忘れない」などと歓迎してくれました。以後、交流が再開しました。韓国と中国とではこのように対応が大きく違います。韓国の直線的な対応に対し、中国の奥深さを感じます。

ところで、国際交流を行う目的は何なのでしょうか。議員の観光目的、余ったお金の活用、などとマスコミなどは揶揄しますが、そういう意見もあると思います。現に、どこかの県議会議員の海外視察のひどい有様を取り上げたテレビ番組もありました。バブルの崩壊とともに行財政改革が叫ばれ、真っ先にやり玉に挙げられたのが国際交流でした。しかし、国際交流の目的はそんなものではないと私は考えています。

国際交流の目的は、まちづくりのヒントをもらうことにある、と考えています。各都市はそれぞれの歴史、文化、自然などの資源を活用してまちづくりを進めていますが、このことは私たちにとっても大いに参考になるところです。また、松江だけを見ていると松江の良さが分からなくなります。この都市は松江に比べまちづくりの材料が少ないのにこんなことを利用して頑張っている、松江はそれに比べて恵まれているのだからもっと何か工夫できるはずだ、この点は松江が勝っているな、といったことが分かり刺激を受けるのです。それならば、日本国内の都市でもいいではないか、という意見もあるかと思いますが、似通った点が多く、大きなヒントにならない場合があります。

交流を継続していくためには双方の努力が必要ですが、その土台になるのが人的交流だと思います。国際交流員の採用（松江は全国的にも多い6人を採用しています）、学校どうしの交流、民間の交流協会どうしの交流、スポーツを介した交流、病院を介した交流など双方が知恵を絞って交流を継続することが大事だと思います。

まちづくりのヒントをもらうことが目的ということであれば、友好都市という仕掛けを作らなくても、先進市を視察する、ということでも目的は達成されます。

1つ実例を挙げてみたいと思います。公共空間の利活用です。フランスのボルドーを訪問した時のことです。本来の目的は観光協会と行政との関係を調べ、松江市でも参考にできないかを考えることでしたが、調査しているうちに、観光協会が行政から公共空間を借り受け、これを市民や団体に有料で貸し出し、結果として公共空間が年間を通じて利活用されていることが分かりました。

具体的には次のようなことです。ボルドー市内には大きな川が流れており、両岸の河川敷が整備されています。この河川敷の管理権限はボルドー市が持っていますが、これを観光協会に委託しています。観光協会はこれを活用したいと考える個人や団体を募集し、それをもとに年間の活用計画を立てるというものです。私たちが訪れたときには市のダンス協会が1週間借りてダンス競技を開催していました。こうした仕組みで公共空間が年間を通じて活用されることになります。同時に、有料で貸し付けることから、管理費も賄えることになります。

これに対し、日本の場合は、公共空間は所有者である行政が管理権限を有し、これを特定の個人や団体が時間的、物理的に独占利用することは、本来の利用目的（道路であれば車や人の通行、公園であれば憩いの場、河川敷であればスムーズな流水）に支障を生じない範囲において、例外的に許可されることになります。また、管理権限も同じ市内でも、国、県、市に分かれています（国道、県道、市道など）。こうした仕組みでは松江市というまちの公共空間を計画的に利活用することはできません。税金を投入して作られた公共空間が、十分な利活用がなされないままに管理費だけがかかるということになります。これでは市内にたくさんある公共空間を市の考えの下でまちづくりに利用することができません。宝の持ち腐れです。

しかし、今後のまちづくりを考えるとき、市民の発表の場、すなわちステージをまちのいたるところに設けることは、まちの活性化にとって極めて大切なことだと思います。また、これにより管理費を賄うことができれば公共施設の適正管理という観点からも合理的な仕組みといえるのではないでしょうか。私はこうした考えを国土交通省に説明したところ、理解していただき、公共空間の利活用を検討する予算を計上していただきました。

水の都と言われ、今後大橋川の改修により河川敷の整備が進む松江市です、河川敷などの公共空間の利活用が進むことを期待しています。

「日英グリーン同盟2002」
記念植樹
（市報 平成14年（2002）12月号より）

中国杭州市との
友好交流協定締結
（市報 平成15年（2003）12月号より）

銀川市との友好都市協定書調印　（市報 平成16年（2004）11月号より）

ウラジオストク市を訪問
（市報 平成22年（2010）8月号より）

アイルランドの
小泉八雲庭園を訪問
（市報 平成28年（2016）10月号より）

市報松江　2013.10

〜交流のあゆみ〜

・平成2年、八雲来松100周年を記念して、ニューオーリンズ市、アイルランドのダブリン市、松江市による「国際三都市会議」が開かれたのを機に交流が始まる。
・6年3月26日、松江市で友好都市提携を締結。その後、ジャズ演奏家招待、芸術家交流などの文化交流や青少年交流を行う。
・15年、ニューオーリンズ日本庭園協会が、市立公園内に「八雲日本庭園」を建設し、松江市から記念に灯籠を贈る。庭園は両市の、そして日米の交流の掛け橋となる。
・17年8月、大型ハリケーンがニューオーリンズを襲い、大きな被害が発生。義援金を贈る。
・23年、松江市長一行が訪問。交流の継続を確認
＝写真＝
・24年、経済界や大学生らからなる市民訪問団を派遣。
チュレーン大学で小泉八雲造形美術展開催。
・25年度、友好都市提携20周年。

ミッチ・ランドリュー市長（中央）と会談する松浦市長

友好都市・ニューオーリンズ交流のあゆみ
（市報平成25年（2013）10月号より）

世界と
つながる!
国際文化観光都市松江

松江市は中国、韓国、アメリカの5つの友好都市をはじめ、アイルランド、インドなどさまざまな国と交流を行っています。今年は4つの友好都市と友好都市提携15周年、20周年、25周年の記念の年を迎えます。今後もそれぞれの都市と、文化・スポーツ・青少年交流など、幅広い分野で交流し、友好関係を深めていきます。

提携15周年
中国・寧夏回族自治区
銀川市
人口：約222万人　面積：9,579 km²

提携20周年
中国・吉林省　吉林市
人口：約450万人　面積：27,722 km²

提携25周年
アメリカ・ルイジアナ州
ニューオーリンズ市
人口：約34万人　面積：907 km²

提携20周年
韓国・慶尚南道　晋州市
人口：約34万人　面積：712 km²

松江市
人口：約20万人
面積：572.99 km²

中国・浙江省
杭州市

晋州市

銀川市

吉林市

ニューオーリンズ市

問い合わせ／国際観光課　☎55-5175

世界とつながる！国際文化観光都市松江
（市報令和元年（2019）6月号より）

原子力発電所

私が原子力発電を始めて経験したのは、京都府総務部長の時代でした。ある時、知事から呼ばれ、福井の高浜原発から5キロ圏内に綾部市の山林が所在するので、連絡協定を締結するようにと指示され、そのため、原発に関する資料を基に勉強をしました。

松江市長になって、松江市が原発に隣接する市だということを改めて理解しました。当時の原発に対する松江市のスタンスは、「迷惑施設」ということでした。原発の安全性に対し責任を持つ立場にはないが、いったん事故が起これば松江市民の生命や財産に大きな影響を与えるので、原発は松江市にとって「迷惑施設」だということです。原発の稼働は国家事業なので、いったん事故があればそれは国が最終的な責任を負うべきだが、必要があってその改修を行う場合には、安全性に影響があるので、改修同意をする代わりに、迷惑料を払え、ということです。

こうしたスタンスは、合併によって大きく変化しました。鹿島町は合併によって消滅し、原発所在町村の立場は新松江市に引き継がれましたが、こうしたケースはおそらく全国でも唯一ではないかと思います。鹿島町としては、原発は「迷惑施設」だと言ってきた松江市に実質引き継がれることにより、原発廃止などの方針を打ち出されたりすれば大変だという思いがありました。鹿島町の青山町長と私とで協議を行い、原発を大事にし、維持することを条件に、合併合意を取り付けました。これにより、それまでの原発は「迷惑施設」という松江市のスタンスは大きく変わることになったのです。

合併により新松江市が誕生しましたが、これまで原発の隣接町村ではなかった町村から原発を新市が引き継ぐことに異論が出されることが予想されました。そこで、私は経産省に出向き、こうした町村に対しても隣接地扱いをしてくれるよう要請し、実現できました。しかし、東出雲については合併が遅れたため、認めてもらえませんでした。また、原発交付金についても、それまではハード事業だけが対象とされていましたが、経産省、財務省の理解を得て、ソフト事業（たとえば防犯灯の電気代、コミュニティバスの運営費など）にも充てることができるようになりました。

合併により、松江市は全国で唯一の県庁所在都市で原発立地市となりました。このことは何を意味するのでしょうか。これまでは松江市は人口15万人で原発隣接市、スタンスも「迷惑施設」でしたので、原発に対してもかなりの人が批判的でした。したがって、無条件に原発賛成というわけにはいきませんでした。

原発反対論者は事故がいったん起これば甚大な被害が発生すること、核廃棄物が出るが、その最終処分場が決まっておらず、溜まる一方だということを主張するのです。しかし、原発を廃止すれば、いまだ再生可能エネルギーは不十分なため、結局火力発電に頼らざるを得ず、二酸化炭素の発生による、地球温暖化が助長されることになります。一方、原発賛成論者はクリーンエネルギーであり、地球温暖化に資するものだと主張します。安全性については最大限確保するのは当然と主張します。結局、議論はすれ違いとなり、かみ合わないのです。

私はこの議論は、まず、「原発は再生可能エネルギーですべて賄えるようになるまでの暫定的なもの」、と考えるべきだと思います。したがって、再生可能エネルギーの割合を増やす努力を計画的に行い、それに応じて、原発の割合を減らしていくべきです。同時に、「最終処分場を早く決める」ことです。放射性廃棄物が原発敷地内や六ケ所村にたまる一方という状況は危険です。

そこで、私は、六ケ所村を視察し、高レベル放射性物質の再処理施設の建設状況を確認しました。その時は、あと半年で国の審査が完了するということでしたが、その後、10年以上たっても稼働しないままです。福島の事故を経験し、高レベル放射性物質が原発敷地内にとどまることの危険性を認識しました。国は、現在の水冷式の貯蔵から乾式に変えることを推進しようとしていますが、私は、中国電力に対しては、冷却後速やかに原発敷地内から搬出するように、要請しています。最近、山口県の上関に中間貯蔵施設を建設する動きが出ていますが、これは六ケ所村の再処理施設建設が遅れる中で、私たちの要請にこたえるためのものと受け止めています。

合併後の松江市の原発に対するスタンスを、上記のように「原発依存度を低減させ、再生可能エネルギーを増やす」ことに決めました。そのため、太陽光発電など再生可能エネルギーを増やす努力をしている個人や企業に対し、全国的にもいち早く支援措置を制度化しました。

県と市の考え方の違いがはっきりと出た事例がありました。それは、島根原発2号機への、「プルサーマル適用の問題」でした。プルサーマルとは、使用済み核燃料を再処理し、モックス燃料として再利用するというもので、既存の原発に適用すると安全度が下がるのではないかと言われていました。

これまで原発の設備の設置や改修については、立地自治体である島根県と鹿島町は中国電力と協定を結び、国に申請する前に了解をとることを義務付けていました。そして、国が承認をすれば自動的に工事に着手できることとされていました。プルサーマルの適用に当たっても、県はこれまでと同様に国への承認申請前に了解をとるだけでいいという姿勢でした。

私は新松江市民の原発への意識がまだはっきりしない状況なのに、鹿島町の時と同じ手続きではいけないのではないかと考えました。そこで、国への申請を了解することと国の承認があったのちに改めて了解を求めるという、「2段階方式」を採用することとしました。県は猛反発しましたが、当時の伊藤忠志助役に頑張っていただき、何とか押し通しました。したがって、その時点から県と市とでは同床異夢の状態（県はプルサーマル適用を了解するが市は国への申請を了解しただけ）が生じたわけですが、溝口善兵衛知事に代わって、県も2段階方式を採用することを表明され、問題は解消しました。

原発立地市にとって最大の懸念は、事故によって市民の安全が失われるということです。事故の原因には、大きく分けて、物理的な故障や欠陥によるものと、人的エラーによるものとが考えられます。前者は発見されれば比較的簡単に解消できますが、後者は個人の資質によるものだけではなく、組織的な体質によるものもあり、根が深いのです。

東日本大震災の起こる1年前、島根原発1、2号機で500件以上に上る検査漏れが発覚しました。原因調査が行われ、上司に悪い事案を報告しづらい組織となっていたことなど、安全性が確保されてはじめて自分たちの事業が成り立っているという安全文化が、いつの間にか風化していたことなどが明らかとなりました。早速、小川正幸副市長を現地に派遣し、安全性が確保されてはじめて自分たちの仕事が成り立っていることを認識するために、事件が発覚した6月3日を「原子力安全文化の日」と定め、鐘を作り、毎年社長がこれを打ち鳴らすことで認識を新たにすることとしました。その後もヒューマンエラーは発覚していますが、中国電力の皆さんには、市民の安全が確保されてはじめて自分たちの仕事ができているということを常に認識していただきたいと思います。

平成23年（２０１１）３月11日の大震災による福島第一原発の事故は、これまでの原発に対する認識や制度を一変させることになりました。それまでの安全神話（止める、冷やす、閉じ込める）が崩れ、放射性物質の拡散事故が起こってしまいました。私がショックを受けたのは事故により人が住めないところとなり、それまで先人たちが営々として築いてきた歴史や文化が一瞬にして失われてしまう、人々の誇りが失われてしまう、ということでした。

平成26年（２０１４）７月、福島原発を視察しました。林立する汚染された水（原子炉の冷却水、原子炉を通過する地下水）貯蔵タンクを見ればいずれ満杯となり、その処分問題が出てくるということは容易に分かりましたが、私にはもう一つの光景が目に焼き付いて離れませんでした。

原発所在の大熊町を車で通過しましたが、人が住んでいた家、沿道の店、レストランなどが震災時のままに残っていました。しかし、そこに木や草が生い茂っている様を見た時、人の手が入らない廃墟がこんなにすさまじいものとなるのかを痛感しました。これを松江市に置き換えてみて、ぞっとしました。松江から歴史や文化が無くなってしまったら、どうなる、一体市民は何を頼りに生きていったらいいのか。誰も住まなくなった荒れ地に松江城だけが立っているなどということは想像したくありません。二度とこうした原発事故を起こしてはならないと強く思いました。

これまでの原子力行政の反省の上に立って、経産省の中にあった原子力安全保安院を廃止し、独立性の高い第三者機関として原子力規制委員会が設置されました。新規制基準が設けられ、これをクリアするまですべての原発がストップすることとなりました。また、避難計画を国、県と協力して策定することとなり、原発から5キロ圏と30キロ圏とで避難方法に差が設けられています。

福島の事故以来10年以上が経過しましたが、いまだ2号機は運転されないままです。私は規制委員会の体質に疑問を持っています。冷たい、評論家的なのです。以前の安全保安院は企業や立地自治体とべったりしているという批判がありましたが、審議官が頻繁に市長室を訪れ、状況説明や疑問に答えてくれました。しかし、規制委員会になってからはそのようなことは一度もありません。審査を客観的に行う必要があることはよく分かりますが、もっと地元の状況を聞いてほしいのです。規制庁での要請活動はまるで儀式です。血が通ってないのです。

一方で、審査が終わった原発について運転の差し止め請求が頻繁に出ますが、専門組織でもない裁判所が規制庁の審査を批判しています。こうしたことに対しては、ゴーサインを出した規制庁としてもっと反論すべきではないでしょうか。裁判所の判断で運転がストップするというのは、しかも、裁判所によって結論が異なったり、高裁でひっくり返ったりするというのは、エネルギー政策の視点から見ても問題だと思います。

松江市原子力発電所環境安全対策協議会
（市報 平成29年（2017）8月号より）

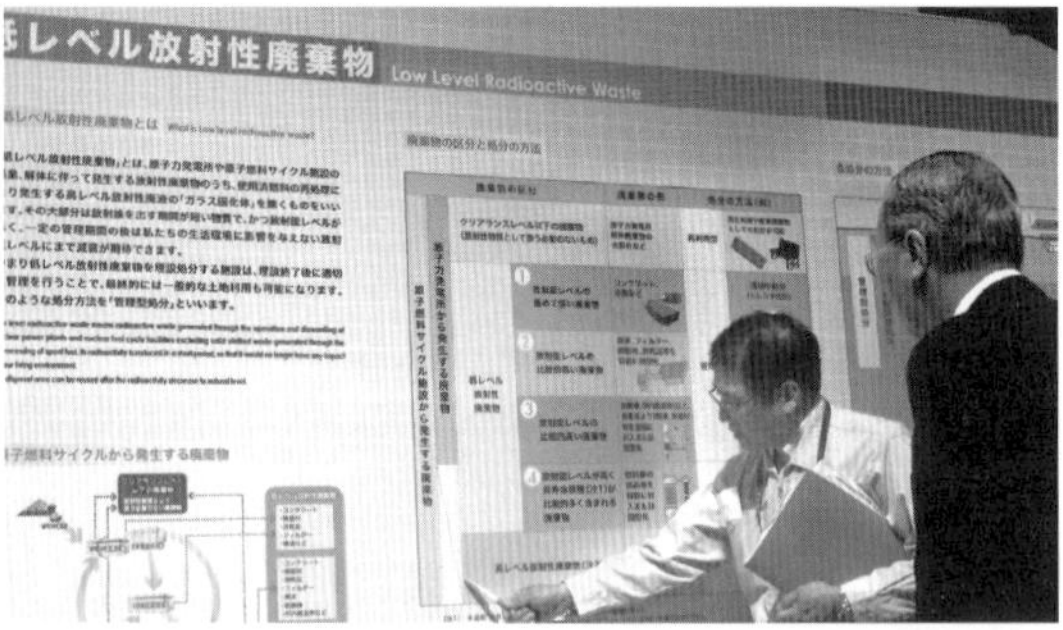

日本原燃（株）の原子燃料サイクル施設を視察
（市報 平成29年（2017）8月号より）

松江市災害対策本部設置運営訓練　（市報 平成30年（2018）2月号より）

新体育館の建設とスサノオマジック

昭和51年（1976）に建設された市立体育館も老朽化が進んでいました。04総体のバスケットの主会場となったものの、床がもろくなっており、応急手当を施して乗り切りました。そのうち、外壁の化粧石が剥落するなどたくさんの人が利用するなかで、いつ人身事故が起きてもおかしくない状態となりました。

一方、bjリーグに参加するチームの募集が進んでおり、かつてのバスケットボール王国の復活を願う経済界の人たちが中心となってチーム編成の動きが活発化し、平成22年(2010)に松江市立体育館をホームとする「スサノオマジック」が誕生しました。初代監督はかつて日本代表チームの監督を務めたことのあるジェリコ・パブリセビッチさんでした。

ある時、ジェリコ監督から、「市立体育館をホームとするスサノオマジックだが、選手がユニホームに着替える際、今は一つのテーブルを共同で使い、その上に脱いだ服をおいて着替えをしている。建て替える際には、せめて、選手専用のロッカーが欲しい」と要望がありました。

そうした状況を踏まえて、体育館の改築の機運が高まっていきました。平成20年（２００８）、スポーツ振興計画の中に体育館の建て替え整備の検討を進めることを明記。平成24年（２０１２）に基本構想・基本計画の策定、基本設計に着手、平成28年（２０１６）に工事費約60億円をかけた体育館が完成、オープンとなりました。

当初、場所を巡って議論がありました。乃木・大庭地区に総合運動公園があり、そこに体育館も建て、運動施設を集約したらどうかという議論でしたが、市内から離れた場所であり、観客や利用者の便を考えると現在の場所がいいという結論になりました。次に観客席をどうするかという議論がありました。b.jリーグの参入基準は同時に維持するための基準でもありましたので、それを満たすため３００３席を確保することとしました。平成22年からスサノオマジックはｂｊリーグで試合を行いましたが、運営会社の経済力が弱く、十分な補強をすることができず、目覚ましい活躍を行えず、観客動員数は低迷したままでした。平成28年からはプロリーグの一本化が図られ、ｂリーグが誕生しました。スサノオマジックはｂ２とｂ１を行ったり来たりという状態でしたが、令和元年（２０１９）からバンダイが運営を引き受けるようになり、また、その経済力にものを言わせ、選手補強を図った結果、ｂ１に定着し、リーグの優勝決定戦の常連となりました。それと同時に、観客も着実に増えています。やはり勝たなければいけない、勝つことで好循環が生まれています。

令和５年に入ってｂリーグのライセンス基準が変更され、５０００人の観客席を確保することが条件となりました。上定市長は苦渋の決断をされ、新築後7年しか経っていない体育館の改修をすることとなったようです。民間の体育館ならいざ知らず、市立体育館ですから当然市民の税金が使われることになりますが、今回はバンダイが応分の負担をするということですので、やむを得ないのではないかと思います。バンダイには、先の1億円をかけた中央のディスプレイの設置に続き今回の負担をいただき、感謝に堪えません。

しかし、何か釈然としないものがあります。今回の基準変更は一方的、弱い者いじめではないかということです。なぜ5000人の観客席を確保しなければいけないのか、前の基準をなぜ変えなければいけないのか、明確な説明がないように思います。透明性がありません。bリーグと業者が勝手に決めているのではないかと疑いたくなります。私はこれと似たような経験をしたことがあります。陸上競技場の基準が一方的に変更されたことがあります。松江市営陸上競技場はもともと第1種に格付けされており、国際大会や国体などが開催できるものとされていましたが、基準が変更され、9レーンが条件とされました。市営競技場は8レーンですので1レーン増やさなければいけませんが、これをするためには観客席を含めすべてをやり直さなければならず、莫大な費用が掛かることとなります。そこで、有識者の審議会を開催し意見を聞いたところ、2種に格下げとなってもやむを得ないという結論をいただきましたので、手を加えないこととし、今は、第2種となっているのです。国体の主会場が松江とはならないということになりますので、本当に悩みました。これなども一方的、不透明な変更でした。

スポーツ団体には何か上から目線の、閉じた体質があるのではないかと感じます。スポーツには、体力向上と競技力向上という2面性がありますが、オリンピックや国体を見てもわかるように、どうしても後者に力が傾きがちになります。スポーツ団体はそうした弱みに付け込むのでしょうか。こうしたことは、文科省などがもっと調整を図る必要があるのではないかと思います。先の東京オリンピックでの不祥事は56年ぶりの開催という国民挙げての盛り上がりを一挙になくしてしまいました。これも同じ根から生じたことではないかと思います。国民も何かおかしいと感じているように思います。昭和39年（1964）の東京オリンピックを知る私にとって、大変残念な思いがします。

新松江市総合体育館

市報松江 2016.1

地方から元気に! スポーツの挑戦

かつて松江市は「バスケット大国」と言われていました。そのDNAは生き続け、今の島根スサノオマジックに至っていると言って過言ではありません。ホームの新松江市総合体育館が完成することで選手はもちろん、ブースターも燃えてくれると確信しています。

サッカーも小村徳男、岡野雅行というプロ選手を輩出するほど盛んな地で、今、松江シティFCが頑張っています。中国サッカーリーグ優勝の余勢をかい、ぜひともプロリーグ参入の夢を実現してほしいと思います。

競技は違いますが松江市に地盤を置くチーム同士として、お互いに刺激し合っていい結果を出し、市民、とりわけ少年たちの心を熱くしていただくことを願っています。

松浦正敬 市長

新松江市総合体育館 いよいよ今春オープン!

問い合わせ 新体育館開設室 ☎55-5074

地方から元気に! スポーツの挑戦

地域を盛り上げ地域に根ざす

子ども達との交流授業（夢教室）

市内の小学校を訪問し、実技や語り合いを行っています。子どもたちにスポーツの楽しさやトップレベルのプレーを体感してもらうことで、夢を持つことや運動することの大切さを伝え、心身の健全な育成につなげるために平成22年から行い、これまで45校に訪問しています。

島根スサノオマジック

チーム紹介 2010年にbjリーグ加盟。2012年には西地区3位でプレイオフで初めて準決勝進出。「神話第6章」の6年目、初のリーグ優勝を目指し奮闘中!

松江出身の鬼野選手からひとこと!

今シーズンはbjリーグ最後のシーズンとなりました。今までで最も良い結果「有明で開催されるファイナル参戦」を目指し、新リーグに向け弾みのつくような結果を出したいと思います。地元・松江の皆さんにはいつも応援していただき、大変感謝しています。皆さんに喜んでいただける試合をたくさんお見せできるよう、また喜んでいただける結果を出せるように頑張ります。応援よろしくお願いします。

鬼野康久（ひきの やすひさ）

新松江市総合体育館と島根スサノオマジック

（市報 平成28年（2016）1月号より）

歴史と文化を活かしたまちづくり

市長に就任以来、常に言われ続け、頭から離れない言葉、それは「松江らしさ」です。松江の特徴を活かせという言葉で、それはそれで当然のことだとは分ります。しかし、どんな内容なのかと言われると、曖昧、人によって受け止め方が違うのです。「選ばれるまち松江」という表現をしてみましたが、これも何に感じて選ぶのかは人によって違います。何か一定の物差しがなければ、結局何も言っていないことと変わりません。20年かかってたどり着いた結論は、「歴史、文化を活かす」でした。

歴史、文化はそれぞれのまちで異なります。他都市とは異なる歴史や文化をまちづくりに活かすことが松江らしさ、すなわち松江の特徴を活かすことにつながるのです。しかし、松江の歴史、文化といってもいろいろな切り口があります。これを具体的に示すことが大事なのですが、これまで個別にはやってきた（例えば茶の湯文化に着目した茶の湯条例）のですが、全体像を示すことをしては来ませんでした。

そこで、歴史、文化をいくつかの柱を立てて表現することにしました。もちろん、こうしたやり方だと、もれ落ちるものも出てきますが、すべてを網羅しようとすると曖昧になりますので、割り切ることにしました。もしも後から追加するものが出てくれば追加すればいいいと。

とはいえ、松江とはどのような「まち」かを示すことになりますので、どのような柱をいくつ立てるかが問題でした。言い換えれば、どう割り切るかということです。

お茶、水の都、文化財までは異論はないと思います。国際文化観光都市松江としては、小泉八雲に関連するものもぜひ入れたいものです。松江が国際文化観光都市に指定されたのは小泉八雲が松江を世界に紹介してくれたことがその理由でしたが、当時の松江の住民から見たらなんでもない普段の生活文化も、異なる生活文化の中で生まれ育った人（小泉八雲）には感動的なものと映ったことでしょう。そうした異なる視点で浮かび上がる生活文化のすばらしさを柱にしたらと思いました。

私がそういうことを思いついたのには過去の経験があります。今回、「松江市文化行政のあり方検討委員会」の委員長を政策研究大学院大学の垣内恵美子先生にお願いしましたが、以前、垣内先生にも策定に携わっていただいた「平成の開府元年まちづくり構想」の基本コンセプトは、「また八雲が歩きはじめるまち」でした。これは、八雲は、来松当時、誰も当たり前に思い、気づかない松江の良さを見つけ海外に紹介しましたが、今一度、八雲の視点に立ち返り、松江の良さや松江らしさを再発見し、それを誇りに感じながら新たな価値を見出していこう、というものでした。こうした考え方で小泉八雲の視点も一つの柱にしようと考えました。

演劇を主宰する検討委員からは、演劇を含む芸術文化を柱に据えてほしいという意見がありました。伝統文化は一定の評価が定まったものであるのに対し、芸術は今行われているもので、評価が定まったものではありません。また、松江独自のものでもありません。これを柱に据えることには懸念がありましたが、実際に演劇を行っている人からの意見です。いずれ松江の文化に育ててみせるという強い意志が根底にあってのことだろうと思い、柱に据えることとしました。

これに関連して私は金沢の21世紀美術館のことを思い出していました。15年ほど前だったと思いますが、当時、全国市長会長をされていた山出保金沢市長を訪ねる機会がありました。その際、21世紀美術館を建てたいきさつをお伺いしました。金沢といえば江戸文化、そうした文化を大事にしてきたまちとして全国的にも評価されているが、古いものを守るだけではいずれ衰退してしまうのではないか。新しい芸術文化を育て、それが古い文化とまじりあうことによって、これからの時代に継承されていくのではないか、そうした思いで21世紀美術館を作った。しかし、建設当初はこのような美術館は金沢にはそぐわない、無駄遣いだという批判が強く、自分の思いを浸透させるのに苦労した。そうしたお話でした。

松江にも共通する課題があると、その時思いました。芸術文化を柱に据えることについては、伝統文化との化学反応や融合も念頭に活動していただきたいし、そうしたことを考え実践する人材育成を図ってほしいと思います。芸術文化には人の感情を大きく動かす素晴らしい機能があります。ぜひ、市民の活性化に貢献してほしいものです。

垣内先生からは文化芸術を継承するためにはその拠点となる施設の整備が欠かせないという指摘があり、ハード事業を六つ目の柱としました。

この六つの柱を立てて議会に説明しましたが、議会からは、地域の伝統文化をもう一つの柱とすべきだという指摘がありました。議会は、それまで地域の伝統文化の保全について独自の検討活動をしてこられたところですが、その中で、鼕行列やホーランエンヤなど、地域が支えてきた伝統行事が地域の衰退により継承が困難になりつつあるという強い危機感を持っておられました。また、こうした伝統行事が地域のまとまりを支えているという認識に立っておられます。私もこうした地域の伝統行事が根を張ることで、それぞれの地域の独自性を生み出していると考えていましたので、これを七つ目の柱としました。

以上の七つの柱を立てることにより、松江らしさ、すなわち、松江の歴史、文化を表現することができるようにしました。

ところで、七つの柱を立てた理由は、松江らしさを整理し、最終的にこれらを活用し、あるいは相互に組み合わせることにより、松江独自のまちづくりに活かすことです。そのためには、こうした松江の歴史、文化が次の時代、また次の時代へと発展・継承されていくことが必要です。そのために必要となる活動・取り組みを考え出すことが、七つの柱と並んで、もう一つのポイントでした。

そして考え付いたのが、「知る」、「育てる」、「伝える」、「創造する」、「活用する」、「支える」の六つの取り組みです。これと七つの柱を組み合わせて、最終的には具体的な活動、事業を導き出すのです。しかし、頭の中で考えていても、いい考えは出てきません。私はこのためにマトリックス手法を提案しました。

タイを訪れた際、旅行会社を訪問しましたが、スポーツ部門を観光と結びつける事業について話を聞く機会がありました。具体的には、日本国内のスポーツイベントに参加する人を募集し、そのイベントの前後に観光コースを設定するというものです。スポーツイベントを主催する団体から見れば、旅行会社を通じて参加者を確保することができます。これまでは、スポーツ主催団体はスポーツを実施することしか考えておらず、観光業者との連携などは思いつきませんでした。このように、これまでの事業は縦割りで実施され、横の連携が足りませんでした。

そこで、たとえばスポーツを縦軸にし、横軸に、観光、福祉、環境など市の行政部門を置き、これをクロスしてみるとこれまでとは違った事業を考えることができます。スポーツ参加型観光、障がい者参加マラソン、ごみ拾いウオークなど。そんなに簡単ではありませんが、それでもゼロから事業を考えるよりは面白い事業を考えることができます。また、コンベンション(専門的な会議)誘致は昔から熱心に行われてきました。しかし、これを主催する人たちは会議の成功だけを考え、抜かりのないものにすることを最優先に考えてしまい、会議参加者が会議後に買い物や飲食などを楽しみたいと思っていることをついつい忘れがちです。

そこで、会議の会場で飲食店の紹介をしたり、土産物を紹介したりすると大変喜ばれます。このように会議以外の要素を付け加えることで会議の参加者も増え、会議自体も充実したものになります。これを私は「マトリックス手法」と呼んでいます。これをうまく運用するポイントは、現在実施している事業をできるだけたくさん書きだすことです。そうすればそれに関連して新たな事業を思いつくことも可能になるからです。

こうして「松江の文化力を生かしたまちづくり条例」をまとめることができ

ました。他の自治体でも同じような条例ができていますが、多くは抽象的な宣言条例となっています。松江市の条例はこれまで述べてきたように、まちづくりをするにあたっては、「松江らしさ」、すなわち、「文化力を活かしたまちづくり」をしていくという方向性を出すこととしたと同時に、これを実現するための具体的な事業を思いつくための手法を提示しているという点で画期的なものとなったと考えています。

この条例は、垣内先生のご指導の下、藤原亮彦政策部長（現松江市教育長）をはじめ、たくさんの職員が2年間にわたって苦労しながら考えたものです。条例案を検討していただいた「松江市文化行政のあり方検討委員会」の最後に、部長から、私が市長就任以来まちづくりに松江らしさを活かすことに努力してきたが、20年間の市長の最後に松江らしさとは何かを示す七つの柱に到達した。我々は市長の置き土産であるこの条例に沿って松江のまちづくりに努力していきたいと、声を詰まらせながらお礼のあいさつをされました。長い間苦労して作り上げた条例案をやっとまとめることができたこと、市長在任中頭から離れなかったであろう思いを組み込んだ条例案を作ることができたこと、そうした思いがにじみ出た挨拶でした。田和山で始まり、この文化条例策定で終わる市長としての20年間が思い出されて、よく私の思いを理解していただいていたと思わず目頭が熱くなりました。

伝統文化「ホーランエンヤ」

茶の湯文化

小泉八雲旧居

松江の文化力を生かしたまちづくりを推進します

地域振興課 ☎55-5519

誰もが松江の伝統文化芸術を誇りに思い、心豊かになれるまちをめざして、「松江の文化力を生かしたまちづくり条例」を制定し、「松江市伝統文化芸術振興計画」を策定しました。
松江の文化力を支える七つの柱を定め、六つの取組の視点を取り入れながら松江の文化力を守り育てていきます。

時代の流れの中で私たちの暮らしぶりは大きく変わりました。そして、人口減少社会に突入したことで、地域で伝統行事や生活文化を守り伝えていくことが難しくなっています。

そこで、多くの人と基本的な考え方を共有して、一緒に取り組む指針とするために条例を制定し、振興計画を策定しました。

1 文化力を生かしたまちづくりとは

市民アンケートなどでは、食文化や温泉、伝統行事や日々の暮らしなど、幅広い豊かな文化を皆さんが誇りと感じていることがわかりました。その中でも、多くの人が共通して思い浮かべる松江らしい伝統文化芸術について、松江市文化行政のあり方検討委員会で議論した結果、「松江の文化力」を支える**七つの柱**を定めました。

また、多くの市民が豊かな伝統文化芸術を思い浮かべる一方、松江の人が松江の魅力に気づいていないという指摘や、特に子どもたちに向けて質の高い文化に触れる機会が重要であるという意見などがありました。

そこで、「知る」「育てる」「伝える」「創造する」「活用する」「支える」の**六つの取組の視点**を取り入れ、伝統文化芸術の振興に取り組みながら、将来にわたり住む人、訪れる人、誰もが心豊かになれるまちであり続けるために松江の文化力を生かしたまちづくりを推進します。

2 今後の予定

できるだけ多くの人と条例や振興計画を共有し、目的の実現に向けた実効性を確保するために、審議会を立ち上げ、具体的な取り組みを記載する実施計画をつくることで、皆さんと連携して、誇るべき松江の文化力を守り育てていきます。

松江の文化力を生かしたまちづくりについて詳しくは市ホームページをご覧ください。
市ホームページ

松江市文化行政のあり方検討委員会
垣内 恵美子 委員長
（政策研究大学院大学 教授）

「松江の文化力を生かしたまちづくり条例」、「松江市伝統文化芸術振興計画」の成立、おめでとうございます。
各分野を代表する委員による深い議論と2回にわたるパブリックコメントやヒアリングに熱心にお答えいただいた多くの市民、関係者の方々のご支援の賜物と思います。
文化は人を創り、人はまちを創る。条例も計画も到達点ではなく、出発点です。未来を切り開く文化力に期待しています。

02 03

松江の文化力を生かしたまちづくり
（市報 令和3年（2021）5月号より）

市民、議会、職員

（市民）

市民の支援がなければ市政はうまく運営できないと考え、市民にとって最も身近な環境問題を取り上げ、これを入り口として、市民に市政について関心を持ってもらい、協力をしてもらおうと考えたことについては先に述べたとおりです。しかし、市長自身が、興味を持ってのめりこむことができない事柄は、市民に関心を持ってもらうことなどできないということを痛感しました。そうです。自分のことは棚に上げ、市民の関心事は何かと考えることは、市民への迎合にほかなりません。自分なりの意見があって、それを市民に理解してもらうというのが本筋だと後々気が付きました。自分が一番興味のある分野、一番得意とする分野は何かを考え、それを政策に作り上げていくことが最も大切だと思います。

また、選挙を何度か経験して感じたことがあります。選挙を一生懸命手伝ってくれた人ほど、選挙が終わると何も言ってきません。これに対し、選挙が終わるといろいろと注文を言ってくる人ほど、選挙運動には熱心でなかった人が多いということです。選挙を取引の材料だと誤って考えているのです。逆に言えば、選挙をちらつかせた個人的な要望は、まじめに受け止める必要はないということです。市民の要望は一刻を争うものを優先し、それ以外は、自分がしたいと思うことを優先して、カラーを出すというスタンスでいいのではないかと思うようになりました。まず、自分自身を確立することが大事だと思いました。

私は市長就任以来、地域に出かけ生の声を聴くことを心掛けてきました。そのうち、懇談会がマンネリ化したり、会を主催する地域の方々の負担が大きいことなどわかり、後半は要望があれば出かけるという形にしました。地域の人たちが期待するのは、自分たちの要望を聞いてもらいたいということよりも、市長がどんな考え方で市政を運営しようとしているのかを聞きたいということだということが分かったからです。私もこうした地域座談会は市政運営のヒントをいただくことができればいいと考えるようになりました。

一方で、まちかどトークといって、市内でいろいろな活動をしている人たちと質疑応答ではなく、前向きな話や苦労話を聞いて、こちらでも思いついたヒントを述べるといった緩やかな会も行いました。これも先方からの要望があれば出かけるという形にしました。行政ではできないニッチな活動で松江のまちが支えられていることが分かり、心強く感じたものです。

当初、私は、市民は行政に様々な立場から注文を付ける存在だと考え、市長という仕事はこうした注文に対応しなければならない、煩わしく悩ましいものだと考えていましたが、その後の経験から、市民は行政と相対するものではなく、一緒になって松江の活性化を進める存在、私を支えてもらえる存在だと位置づけることができました。

（議会）

地方公共団体の首長と議会の関係は大統領制と呼ばれており、それぞれが有権者の直接選挙によって選ばれます。したがって、両者は対等なのですが、首長に予算案や条例案の作成、提案権がある一方、議会にはそれに対する決定権があるため、制度的に対立するようにできています。しかし、実際には予算も条例も国の法令に基づくものが多く、国の法令に反対でない限り、賛成せざるを得ないようになっています。またそれ以外の案件についても、よほど市民の権利を制限することになるとか、まちの将来に悪影響を与えるとかといったことがない限り、反対することはできないこととなっています。議会ともめるのは、首長が議会を軽視、例えば、事前によく説明をしないとか、議会の意見を無視して議案を提出するとかといった場合が考えられます。そのため、普段から議会との意思疎通をよくしておくことが大事です。

私は、あまりそうした意思疎通に汗をかかず、副市長以下に任せていましたので、議会との関係は良好だったとは言えませんでした。もっと議会を立てることを考えるべきだったと思います。そのツケが選挙に現れました。選挙に際し、各会派からの推薦をお願いするのですが、私の後半の選挙は、最大会派からの推薦を受けることができませんでした。議会との関係が良好でないということは、選挙民に対してはいい印象を与えません。結局、普段から、議員一人一人との人間関係をよくしておくことが大事だということです。無茶な要望を聞き入れるということではなく、人間同士の心と心を通わせるということです。首長の性格が左右しますが、私にはそうすることが苦手だったということです。職員や市民に迷惑をかけることになりますので、もっと、努力すべきだったと反省しています。

言わなくてもいいことかもしれませんが、本会議の質問を聞いていて、いつも気になっていたことがありました。それは、極端なことを言えば、この公共施設はいつできたものか、大きさはどれだけか、あるいは、市長はどう考えているかという内容が大半で、自分はこう考えているが、これに対する市長の考えはどうかといった内容の質問はほとんどといっていいほどありませんでした。議員に情報を普段提供していないことから生じる現象ともいえます。もっと議員を誘って勉強会を催すといったことをすべきだったと思います。議会との関係を円滑にすることにもなるものと思います。

〈職員〉

消費者、株主、社員のうち、自分は社員を一番大事にしている、といった趣旨のことを述べている経営者がおられます。通常の会社は社員が一番後回しとなっています。お客様は神様ですということが常識となっています。しかし、社員が元気で、会社を愛する気持ちがなければ、消費者の期待にこたえるサービスはできないというのがその経営者の意見です。消費者へのサービスを第一に社員のしりをたたいても、社員が心身ともに健全でなければそれにこたえることはできない。そのためには、会社は社員を第一に考えており、そのことが社員に浸透しているということが何よりも大事だということです。
このことは市役所にも当てはまります。市民が消費者、議会が株主、市職員が社員です。もっとも、市の職員は採用された際、市民のために尽くすことを誓わされます。しかし、職員が心身ともに元気で、やる気がなければ、それはかないません。職員の給与を引き上げてあげればいいのですが、税金を財源とするため、制約があります。気持ちを前向きに、やる気をもって仕事をしてもらうことしかできません。そのためには、楽しく仕事をしてもらうことです。

私は、職員に対して、「歴史的なものの考え方をする」ようにお願いしてきました。市役所の仕事は、事実を法令や制度に当てはめ結論を出すことが代表的なものですが、中には、法令などが古く、現実に合わなくなっている場合がありえます。このような場合であっても、疑問を感じずに、型通りに当てはめをするのでは、仕事が楽しくなくなります。いわゆる「お役所仕事」です。この法令は当時のどういう状況に対処するためにできたものなのかを、さかのぼって考えてみると、現在では、こうした法令は現実にあっていないものとなっているここに気が付きます。そこから、できるだけ、解釈を現実に合ったものになるよう広げてみるとか、こうした法令を改正してもらうことを仲間と一緒に考える、そうしたことを期待したのです。現実にはなかなかそこまではできないでしょうが、時間軸を入れて考えることをすれば、仕事が楽しくなるのではないかと思います。仕事が楽しくなれば、いいアイディアも生まれてくるというものです。

「職員は私の味方だと思っていたが、そうではなかった。職員は自分たちの生存が守られるよう無意識に行動する組織体だ」といったのは、昭和42年から4期福岡県知事を務め、5期目の選挙で敗退した亀井光さんが引退の際にマスコミに語った言葉です。首長は就任すると職員に取り巻かれ、自分の言ったことを忠実に実行してくれますので、自然と自分の味方と考えてしまいますが、職員との間に何か主従の契約関係があるわけではなく、また、自分もいつまでも首長でいられるわけでもなく、しかし、自分が首長を辞めた後も職員という組織体は存在し続ける。首長は思い違いをしないように。という趣旨だと思います。

私はその当時は選挙で敗北した人の負け惜しみだと思っていましたが、いざ自分が首長を経験し、その任務を終えようとするときに、やっとこの言葉を理解することができました。選挙で首長が交代するのは制度上当然のことですし、職員は身分保障がなされています。首長はそれぞれ自分がやりたい政策を実行しようとしますので、首長が代わるたびに政策が変わることは自然です。これを職員の立場から見ると、これまでAといわれて一生懸命走ってきたのに、ある時から突然Bといわれて方向転換を求められるわけですので、大変迷惑な話です。職員組織の存続を大前提に、政策の変更に対応するしかありません。

冒頭のある経営者の話と亀井さんの話は実は共通しているものがあることが分かります。それは、職員が安心して職務提供できる環境づくりが大事だ、ということです。会社のことはよくわかりませんが、市役所の場合、すべての事業のあるいは予算の7割はトップの意向とはかかわりなく決まります。いわば非政策的事業あるいは予算といってもいいでしょう。予算査定でもこうしたものは首長の査定の俎上には上がってきません。首長には3割の財源の中で政策を考え実行してほしい、ということなのです。逆に残り7割は職員にまかせてほしいということです。残りの7割は組織を維持するためには必要不可欠なものということができます。毎年度、あるいは首長が代わってもあまり大きく変わりませんので、職員が安心して職務に専念できるものということができます。

議会答弁
（市議会だより 令和2年（2020）より）

社会人50年、忘れえぬ方々

50年の間で、強く印象に残っている方を4人挙げたいと思います。野中広務さん、西尾勝さん、松本英昭さんと石原信雄さんです。好き嫌いということからではなく、こんな生き方をしてみたいと思わせてくれた人だからです。しかし、その生き方はあくまで理想であって、その通りの生き方はとてもできませんでした。

野中広務さん

野中さんとは、平成2年（1990）4月、私が京都府の総務部長を拝命して以来の間柄です。京都府総務部長といえば歴代の方々はその後、自治省の次官を務められた方が多く、辞令をいただいた時、本当に私でいいのだろうかと震えが来ました。そのうえ、京都府総務部長は他府県と違って財政部長なのです。人事は地元の企画管理部長が握っています。しかし、私は人事課長の経験はありますが、財政課長はありませんし、自治省でも財政局は駆け出しのころ地方債課を経験しただけです。まったく自信がありませんでした。さらに、知事は自治省の大先輩で、京都府の経験（財政課長、総務部長、副知事）が長く、何でもご存じの方でした。また、私の前任者は財政局育ちで、知事の信頼も厚かったのです。私にとっては最悪の環境に投げ込まれたのです。

そうした中で、ある日、「八条口がお呼びです」と財政課の職員が言ってきました。八条口とは京都駅のことを指すのですが、野中さんの事務所がその近くにあったことから、野中さん、あるいは野中事務所を指す言葉となっていました。自信喪失のところへ野中さんからの呼び出し、何事だろうかと頭が混乱してしまいました。

事務所に出かけたところ、野中さんが待っておられました。極度の緊張状態でしたので何を話したのか記憶にありませんが、竹下登さんとの関係を聞かれたように思います。また、野中さんの奥さんは島根の方で、一人娘のお子さんの旦那さんも島根の方といったような話で、島根とは縁が深いというような話をされました。結局、何のための呼び出しだったのか今でもよく分りませんが、私の性格などを観察されていたのではないかと思います。

それ以来、野中さんとは親しくさせていただきましたが、今でも記憶に残っている出来事があります。

一つは、特別交付税の連絡です。各市の額は自治省が決め、それを府県が通知を受け各市へ連絡します。また、町村分は総額を自治省が決め、府県が各町村の配分額を決めます。この各市への配分額は各市へ連絡する前に、関係の国会議員に知らせます。知らせを受けた国会議員から関係の市に事前に連絡が行き、各市からお礼を申し上げる。国会議員にとっては大事な点数稼ぎの場となるのです。問題は国会議員が複数いる場合にどういう順番で、どのくらい時間をおいて連絡するかということです。

私が失敗したのは、これを同時に行ってしまったことでした。役人からすれば、平等に扱っておけば間違いはないというつもりだったのですが、国会議員からすれば、自分はあれだけ一生懸命自治省に額を増やすように折衝してやっているのに、そんなこともせず、特別交付税のありがたさも理解していない他の国会議員と同等に扱うとは何事か、これでは、悪しき平等、猫に小判ではないか、というわけです。野中さんからは怒りの電話がかかってきたことは言うまでもありません。私はすぐに上京（京都では東上といいます）し、平謝りしましたが、野中さんからは、選挙で選出されるものの立場をもっと理解するようにと、厳しく諭されました。

二つ目は、平成7年（1995）1月17日、阪神淡路大震災の日のことです。当時私は、平成5年（1993）に京都から自治省に帰って、行政局振興課長となっていました。野中さんは自治大臣となっておられ、直接お仕えすることになりました。

この日は京都から10人ほどの人が大臣を訪ねてくるので、夜あけておくように前もって言われていました。ところがその日の明け方大震災が起きたのです。

私はこんな状態ではお客さんも来られないでしょうから中止しましょうと申し上げたのですが、大臣は、もう京都からこちらに向かっているので予定通りやるということでした。私は、防災担当の大臣が宴会をやっていて、マスコミにでも知れたら大変ではないかと心配したのですが、大臣はまったく気にしていない様子でした。もっとも、大臣は全く酒を嗜まれませんので、大臣にとっては晩御飯をいただくようなつもりだったのかもしれません。その日の10時ごろになってやっとお客が到着され、宴会が始まりました。何もこんな日に来なくてもいいのにと思う一方で、普通電車を乗り継いできたという話を聞いて、大臣との固い絆を感じました。

ところが、お客が来るまでも、宴会が始まってからも、ひっきりなしに携帯電話がかかってくるのです。あとから知った話ですが、この日たまたま消防庁長官の交代があり、大臣はすぐに新しい長官を現地に派遣し、連絡を入れるように指示し、一方、東京に長官が不在中災害が起こった時に備え、前長官を留守番役に任命し、万一に備える体制をとっておられたそうです。京都出身の大臣ですからすぐにでも飛んでいきたい気持ちが強かったと思いますが、最高責任者として、まずは情報収集に努め、それに基づき、冷静的確な判断、指示を出すことに徹しておられたのだと思い、改めてすごい人だと感じました。

東日本大震災の時、東電本社に乗り込み、そのことで対応が遅くなったと批判された総理がいました。普通の人はああした行動をとるだろうと思いますが、大震災で長官の交代というピンチを逆手にとって体制を整える瞬時の判断力は、戦争で命の危険にさらされ、戦後、町会議員、町長、府会議員、副知事と、現場を経験しながら培ってこられたものではないかと思います。

三つ目は、「住民基本台帳番号制度」に関してです。この制度は、今ではマイナンバー制度として定着しつつありますが、この基となった住民基本台帳番号制度は私が振興課長の時に研究に着手したものです。いずれ行政サービスを行うにあたって必要となるインフラであるとの考えから研究に着手したものですが、マスコミや国会の野党からは国民総背番号制度であり、国民の権利侵害につながるものと強い批判が想定されていました。与党からも、銀行口座が白日の下にさらされてしまうのは困るという、現実的な批判も予想されました。

このような逆風は覚悟のうえで出発したのですが、そのことを野中大臣には全くご意見を聞いていませんでした。人権問題にはことのほか厳しい大臣のこと、もしも反対されたらどうしようと思いながら、恐る恐るレクチャーをしましたが、案に反して了解していただきました。「先日、自民党婦人部から要望があって、成田空港へ行く際に身分証明書の提示を求められるが、女性はそうしたものを持っていない人が多いので、こうした番号がカードになれば簡単に身分証明できることになり助かるのではないか」というご意見でした。

総背番号制という批判が予想されることはご存じのはずのところ、あえてそのことを外してご了解いただいたのだと分りました。それにしてもあの時は冷や汗ものでした。研究を始める前に大臣のご意見を聞かずに、いわば見切り発車しようとしたのですから。

野中さんを尊敬するのは、ぶれない生き方だということです。自分もそうした生き方がしたいと常々考えてきましたが、なかなかできません。どうしたらできるようになるのでしょうか。

　野中さんには人の本質を見抜く力が人一倍発達しておられたように思います。そして、これと信じた人をとことん信頼する、そうすれば相手もとことん信頼してくれるという人間の本性への信頼感が根底にあるように思います。我々凡人は、ちょっとしたことで相手をけなしたり、不信感を抱いたり、見下したりしてしまいます。それは自分の動く心がそうさせているのですが、つい相手に原因があると思ってしまいがちです。人を見抜く力が発揮されるのは、一人一人の命は限りがあり、だからこそ同じ価値があり、かけがえのないもの、という価値観が根底にあるからではないかと感じます。物事の判断の中心に、命を守る、ということが据えられていたように思います。ぶれない要因がそこにあるように思います。人の命以上に尊重すべきものはないという思いがあるからこそ何も恐れるものはないのだと思います。

　野中さんの強さは人間愛に根差しているように思います。「君は部下へのものの言い方がきついようだから気を付けた方がいい」、市長になって10年以上たったころ、野中さんから注意されました。市長職に慣れてしまい、人を尊重していないのではないか、傷つけているのではないか、市長が偉いわけではない、人はみな平等だよと、原点に帰るよう諭されたのだと思います。

西尾勝さん

西尾勝さんは、蝋山政道、辻清明につながる東京大学行政学の大家です。西尾さんとの出会いは、私が地方分権推進委員会事務局次長に任命されて以来です。

委員会は、平成5年（1993）の衆参両院の地方分権推進決議を受けて制定された地方分権推進法に基づき設置された組織で、総理大臣に対し、地方分権推進に関する勧告をすることが任務でした。委員会は5人の委員で構成されており、委員長は諸井虔さん、事務局長は総務庁職員でした。西尾さんは委員会の委員で、行政関係検討グループの座長として各省との折衝を担当されていました。総理からは実現可能な勧告をするようにと言われており、委員会はこのことを重く受け止めていました。これまでのいろいろな勧告が実施されなかったのは、委員会などの一方的な考えを勧告としてまとめたため、尊重はするものの、各省が納得しなければ棚ざらしとなってしまったからです。このため、委員会は、総理の真意は、各省と折衝し、合意に達した事柄について勧告することを求めているのだと考えたのです。

西尾さんはグループの座長として、各省と折衝し、個別の事項について合意をし、それを勧告にまとめることが義務付けられた、というわけです。これは心身ともに大変なエネルギーを要する仕事で、本来は事務局が支えなければいけません。が、事務局は総務庁から出向の局長、自治省から出向の次長はじめ、各省からの出向者で構成されており、自治省以外は地方分権に反対の立場でしたので、支援は全く期待できない状態でした。それどころか、自治省からの出向職員に対しては憎悪ともいうような険悪な空気が漂っていました。私の前任者の時代に、自治省からの出向者のパソコンにべっとりと糊がかけられていたこともありました。

そんな状況でしたので、西尾さん一人で各省と渡り合うことは困難な状況でした。そこで、西尾さんが当時の松本英昭行政局長に頼み、自治省の職員をメンバーとするいわば裏の検討会を作り、そこで各省との折衝案を検討し、本番に臨むこととなりました。私の前任者は石井隆一さんで、その後、税務局長、財政局長、消防庁長官から富山県知事を務められた、いわば自治省のエースでした。当然、西尾さんからは全幅の信頼を得ておられました。石井さんは西尾さんと頻繁に打ち合わせをし、その打ち合わせの結果に基づいて、自治省から出向している職員たちが都内某所で検討案を作り、それを裏の検討会に提出しそれをもとに折衝案を作る。そうした体制を作ったのは石井さんでした。何しろ自治省のエースですので出向職員たちは石井さんの指示に懸命に応えていたのです。

そうしたバックアップもあって、西尾さんは各省との折衝で一つ一つ合意を取り付け、いわゆる「機関委任事務の廃止」という大きな成果をあげられたのですが、折衝の現場に立ち会った私から見ると、それは、西尾さんの理解力、事務処理能力、折衝能力、すなわち人間力によるところが大きかったと思います。何しろ相手は個別の事務を熟知しているわけですから、かわしたり、知識不足をつくことなど何でもないことなのです。一夜漬けの勉強ではとても太刀打ちできません。しかし、西尾さんはそうしたプロを相手に一歩も引けを取らず交渉し、相手も同意せざるを得なくしたのです。相手方も、最初は軽く見ていたものが、そのうちその人間力に尊敬の念すら抱いたのではないでしょうか。だからこそ、相手も合意したのだと思います。私も各省折衝は何度もやりましたが、合意を取り付けるのがいかに難しいかをよく分っています。最後は時間が解決するというのが一般的でした。私は、西尾さんのような能力があったなら、とうらやましく思いました。この方はどんな仕事に就いても必ずトップに立てた人だと確信しています。

私が石井さんの後を受けて次長になったのは、機関委任事務廃止の第2次勧告が出された後でした。その後、第3次、4次と勧告が出ましたが、地方事務官制度の取り扱いなどが主なもので、そろそろ店じまいかといった雰囲気でした。それが一変したのは、第4次勧告を橋本総理に提出した時です。

総理からは、権限移譲をもう少しやってほしいという要望が出たのです。諸井委員長も突然のことで、「検討させてほしい」とその場は引き上げたのですが、結局、引き受けることになりました。権限委譲といっても、地方団体からは具体的な要望は出ていませんでしたので、何をしていいか分りませんでしたが、委員長が官邸と折衝してみると、公共事業を国直轄事業と地方単独事業に切り分けることをしてほしいということのようでした。総理の意図ははっきりしませんが、国と地方の事務分担は4対6なのに、税金は逆に6対4となっている。これを補うのが国庫補助金でこれが地方を縛る原因となっている。少なくともどちらも5対5にし、補助金を廃止すべきではないかという考えがあったのではないかと思います。その後の三位一体の改革につながる考えではないかと思います。

西尾さんは、もうエネルギーは残っていません、などと言って、委員長の申し出を断ろうとしましたが、結局、西尾さんの行政検討グループで行うこととなりました。私は怖いもの知らずでしたので、やってみたいという思いもありました。

ところが、自治省からの支援がいただけなくなりました。公共事業を自治省が扱うとなると全省庁を敵に回すことになる。第一、公共事業は政治そのもの、政治家を敵に回すことなどできない。ということでした。私は、井上源三君たち出向組と都内某所で各省折衝の資料を作りましたが、自治省からの協力は得られず、悪戦苦闘の毎日でした。そのうち、知事や市町村長の中からも公共事業見直し反対の意見が出始めるようになり、極め付きは、ある日、建設族の国会議員が委員会に乗り込んで、委員長をつるし上げるような事態となりました。各省からは西尾さんの個人攻撃が始まる始末でした。孤立感が深まっていました。

私は、当時内閣官房長官であった野中広務さんの力で各省を抑え込んでもらおうと思い、野中さんあてに手紙を書き、西尾さんに会ってもらうようお願いしました。そして両者会談が実現しました。西尾さんは各省の抵抗で法的拘束力を持つ勧告が無理なら、思いを十分に述べられる提言にしてもいいという考えでしたが、官房長官からは、「総理が実現可能な勧告をまとめてほしいと言っているのだから、どうしても勧告にしてほしい。内政審議室長に指示するからよく相談するように」、という言葉をいただきました。結局この枠組みが最後まで維持されて、内政審議室長のご尽力もあって、西尾さんにとっては、不満な内容となったと思いますが、勧告（第5次勧告）にこぎつけることができました。

この出来事は西尾さんの輝かしい名声を大きく傷つけることになり、私は恨まれたのではないかと思います。後日、西尾さんからはその半生を口述筆記した「西尾勝　オーラルヒストリーⅠ、Ⅱ」を送っていただきましたが、第5次勧告については触れられていませんでした。大変申し訳ないという思いでいっぱいです。また、そうした困難な状況の中、頼りない上司の下で、夜遅くまで頑張ってくれた井上君たちに対しても、もっといい思いをさせてあげられなかったことが悔やまれてなりません。

松本英昭さん

松本さんは京都府綾部市出身で、昭和39年（1964）自治省採用、私の7年先輩、最後事務次官まで上り詰めた方です。とにかく優秀な人で、学生時代に行政法の権威田中二郎教授から大学に残るよう言われたというのが自慢の一つです。地方債課が初めての出会いでした。

「エイショウ」さんと呼ばれ、その当時から皆からその能力に対し一目置かれていました。課長補佐と主査（係長）の関係でしたが、どういうわけかウマが合いました。私の担当は地方債許可方針を毎年改定することでしたが、具体的に何をしたらいいかわからず困っていると、各県の起債担当者に立ち寄ってもらって、困っていることや変えてほしいことなどをヒアリングし、それをまとめてみればいいんじゃないかと、アドバイスしていただけました。なるほど、仕事はこのようにするものなのかと目からウロコが落ちるようでした。

その後しばらくは一緒に仕事をすることはありませんでしたが、平成5年

（1993）に私が行政局振興課長で自治省に帰ってきたとき、松本さんは行政局担当の審議官で、久しぶりで仕事を一緒にすることとなりました。その時与えられた仕事が「住民基本台帳番号制度」でした。

もともと住民基本台帳は各市町村が管理していますが、市町村ごとに個人の住民票には整理番号が付いています。これに全国で統一の番号を付してやれば、個人を特定でき、様々な行政サービスに使うことができるというわけです。松本さんの頭の中では、これだけではなく、固定資産台帳にも統一番号を付ければ、個人と資産を統一的に管理できるという考えがあったように思います。この制度の検討は私の前任者から引き継ぎましたが、国民総背番号制度に道を開くものだというマスコミなどの批判が予想されたため、なかなか進んでいませんでした。

私は振興課長として実績を残したいという気持ちもあり、また、企画官として、自治省始まって以来の秀才である松永邦夫君という人材がいましたので、彼との二人三脚で検討に着手しました。これからの時代、アメリカや韓国の例を持ち出すまでもなく、住基番号は基本的なインフラとして必ず必要になること、住基番号は行政が管理し民間には利用させないことを基本的考え方として検討をすることとし、東大の小早川教授を委員長とする研究会を発足させました。そして、マスコミの反応を見るために中間報告をまとめ公表しましたが、思ったほど反対意見が出なかったことから、引き続き検討を行うこととし、後任に引き継ぎました。この制度は、その後、住民基本台帳ネットワークとして制度化され、今では、いろいろ問題を起こしてはいますが、マイナンバー制度として発展しています。

松本さんは、その後、国土庁地方振興局長となられましたが、私も、その後、国土庁地方振興局総務課長として、三度《みたび》、松本さんにお仕えすることになりました。松本さんは一年後、自治省行政局長となられ、その一年後、私は行政局行政課長に呼ばれ赴任しました。四度目のお仕えとなりました。行政課長時代は大きな出来事はありませんでしたが、官官接待やカラ出張などが起こったので、大臣の指示で新たな監査制度を作った程度でした。

個人的にはちょっと面白い出来事がありました。職員の結婚式があり、私は仲人を引き受けましたが、主賓の松本さんが、官邸に呼ばれて遅くなりました。到着後すぐに挨拶してもらいましたが、日ごろの様子と違い、しどろもどろのあいさつでした。後日、官邸で何かあったのですか、と聞いたところ、総理に反論してしまい、ご機嫌を損ねてしまった。もう私はこれで終わりだと、子供のような態度です。それなら反論などしなければよかったのですが、それができないのが松本さんの性格です。悪気があって反論したわけではないので、総理も分ってくれますよ、と言って慰めましたが、その通りでした。後日、官邸からお詫びの電話があったそうです。

松本さんには個人的な相談もしました。「地元に帰りたいので何とかお願いします」、と言ってお頼みしましたところ、竹下さんと野中さんに言っておいたからという返事が返ってきました。結局実現はしませんでしたが、親身になって動いていただいたこと

自治省地方債課のOB 会で

を今でも感謝しています。

石原信雄さん

石原信雄さんは、群馬県佐波郡境町（現伊勢崎市）のご出身です。亡くなった妻と同郷です。私は、昭和49年（1974）に結婚しましたが、あとから、食事に誘っていただき、「君は私と同郷の女性と結婚したそうだな。挨拶がなかったな」と冗談交じりで言われました。それが石原さんとの最初の出会いでした。

私は、昭和46年（1971）自治省入省と同時に群馬県に出向し、48年（1973）に消防庁に帰り、翌年に財政局地方債課に移っていました。今調べてみると、私が入省当時、石原さんは市町村税課長だったようですので、すこし気の利いた人なら、群馬県に出向する前に、ご挨拶すると思いますが、私はそうした記憶がありません。なんと頭の固い、気の利かない人間だったなと恥ずかしくなります。普通の人なら見放すところですが、以後石原さんには大変お世話になりました。

石原さんとお話をしていると、本当に前向きな気持ちになります。石原さんの竹を割ったような明るい性格と、上州弁のはっきりしたものの言い方がそうさせるのだろうと思います。石原さんとはご一緒に仕事をしたことはありませんでしたが、役人生活の大事なところで助けていただきました。また、会うたびに、妻の両親のことを気にかけていただきました。

昭和57年（1982）、私は福岡県の人事課長を拝命しました。福岡県は大変職員組合の強いところで、また、知事も戦後、保守と革新が交互に入れ替わるという厳しい状況でしたが、昭和42年（1967）、保守の亀井光さんが知事に就任すると、以後、16年間安定した行政が展開されてきました。亀井さんは知事に就任するとすぐに組合対策として、人事課長を自治省から迎え、以後、副知事、総務部長、人事課長、財政課長、地方課長の主要ポストを自治省出向者が占めてきました。

私が人事課長を拝命した昭和57年は、翌年知事選挙が行われるという年で、しかも、亀井さんは5期目に出馬することを表明されていました。亀井さんは労働省事務次官から参議院議員、そして知事と申し分のない人生を歩んでこられ、その剛腕ぶりは全国にとどろいていました。しかし、4期目に行った県庁の新築移転、豪華知事公舎がおごり高ぶりの象徴だと批判の的となっており、16年の長期政権の陰りが出始めていました。さすがの亀井知事も選挙を控え弱気な面も現れつつありました。例えば、私が、退職職員の再就職の決裁をもっていったときも、再就職の入れ替え時期を選挙が終わってからにできないか、と言われました。選挙前に再就職先を卒業する人が自分を恨むのではないかというわけです。しかし、今年、職員を退職する人が、選挙が終わるまで再就職先が決まらないで困ることになるのではと言うと、しぶしぶハンコを押していただきました。今になってみると知事の気持ちが痛いほど分ります。

選挙は革新が勝ち、亀井さんは県庁を去って行かれましたが、人事課には職員組合がなだれ込み、私の机を占拠するなど、大変な騒ぎとなりました。私はすぐに人事課長を退任することになると覚悟をしていましたが、新しい知事の選挙違反が明るみに出たため、1年間そのままとなりました。しかし、いつまでも自治省からの人事課長を置いておくわけにはいかないということになりました。

副知事から呼ばれましたので、てっきり自治省に帰ることを告げられるものと思っていたところ、「君はどう考えているのか」と聞かれましたので、どういうことですかと聞いたところ、「自治省に帰るか、こちらにとどまるかどちらかを決めろ。残るなら、農政課長になってもらう。人事課長から見れば格下げだが、しばらくすれば財政課長に引き上げることもできる」ということでした。自治省に帰ることしか考えていませんでしたので、驚きました。私は、福岡というところは暮らしやすいし、職員もカラッとしているので気に入っていました。例えば、組合交渉の際も、委員長は、満腔《まんこう》の怒りをもって抗議する、といって交渉を終わるのですが、終わると同時に、課長これから飲みに行こう、という誘いが入るのです。そんな県民性を私は気に入っていました。「少し考えさせてください」と言って副知事室を出ました。

家に帰って妻と相談すると、彼女も福岡が気に入っており、残ることを希望しました。私は、人事課長を追われるのは自分のせいでないことは承知していましたが、それでも残るのは男らしくない、潔くないという思いがありました。しかし、東京よりも福岡での生活を望んでいる家族のことを考え、残ることを決意し、翌日、副知事にその旨を伝えました。

何かと心配していただいている石原さんにもこのことをお伝えし、同意していただいた方がいいと考え、電話でお話をしました。石原さんも賛成していただけると思っていましたが、まったく逆な言葉が返ってきました。「人事課長から農政課長に変わってまでも残るのはよくない。すぐ帰ってこい。自治省の総務課（人事担当課）には、私から言われたといわず、君から自分の意思だと言ってはっきり伝えなさい」何かに怒っておられるような強い口調に押されて、「わかりました」と言って電話を切りました。新しい知事が、農政課長なら置いてやると自治省に申し渡し、自治省がそれに頭を下げお願いすることをよくないと思われたのではないかと、今では考えています。

自治省の総務課の人事担当補佐に「帰ってきたい」と告げたところ、「君は、副知事に残りたいといったそうじゃないか。君のポストは用意してないよ」という返事。副知事からも「どうなっているんだ」と叱責されました。石原さんの名前を出すわけにはいかず、ひたすら帰りたいとお願いし、何とか意思を通すことができました。

自治省から見れば、新しい知事が自治省のポストを用意してくれたのに、私が我がままを通したためにポストを失ってしまった、という見方になったのです。副知事に返事をする前に石原さんに相談すればよかったのに、その手順を間違えてしまったことが今回の出来事の原因でした。石原さんから言われたのです、という言葉はとうとう言わないままとなりました。石原さんの決断がよかったかどうかは、今でも分りません。人生の大きな別れ途になった出来事でしたが、石原さんという一人の人を信じとおしたことを今でも誇りに思っています。

自治省OB の集まりきさらぎ会で
平成26年(2014)6月

おわりに

私は市長時代メルマガに月2回ずつ掲載し、450回続けました。月2回のペースは結構大変で、次は何を題材にしようか悩みました。しかし、その連載が終わってみると、大きな穴が開いたみたいで、もっと自分の思いを書いてみたいという気になって仕方がありませんでした。

そうした時に、回顧録のお誘いがありました。渡りに船、水を得た魚のように気持ちよく打ち込むことができました。20年10か月を振り返る機会を作っていただいた関係者の皆様にまずもって感謝申し上げます。

書き終わってみると、やっと終わったという思いと同時に、どうしても書けなかったこと、意識的に書かなかったことがあります。それはLRT（路面電車）、駅前再開発と殿町整備です。どれも青写真は描きましたが、私が前面に出て関係者の理解を得るということができず、実現できなかったものです。アドバルーンは揚げたもののしりすぼみになってしまったものです。

私自身は奥に身を隠して、人任せにしてしまいました。身を削る覚悟があれば、何とか出来たのではないかと悔やまれてなりません。人とぶつかることが苦手な性格が災いしてしまいました。いやそうではなく、誰だって人とぶつかることは嫌なのですから、それを乗り越えること、そしてそれに必要なことは何かです。自分がやろうとすることは大多数の市民の幸せになるという強い信念、これこそが市長に求められるものであり、それを持つための勉強、努力をすることが大事だったのだと今更ながら反省させられます。

こんな頼りない私を20年10か月も見守り、支援いただいた市民はじめ関係者の皆様に改めて感謝申し上げ、筆をおくことといたします。ありがとうございました。

資料

松浦正敬　経歴

年	事項
1948年	島根県八束郡玉湯村（現松江市）に生まれる
1966年	島根県立松江南高等学校卒業
1971年	東京大学法学部卒業
同年	自治省入省・群馬県東京事務所配属
1973年	消防庁安全救急課
1974年	自治省財政局地方債課
1976年	和歌山県企画部土地利用対策課長
1978年	和歌山県総務部地方課長
1980年	自治省行政局選挙部政治資金課長補佐
1982年	福岡県総務部人事課長
1984年	国土庁大都市圏整備局総務課長補佐
1985年	宮崎市助役

1988年	自治大臣官房広報室長
1989年	内閣内政審議室審議官
1990年	京都府総務部長
1993年	自治省行政局振興課長
1995年	国土庁地方振興局総務課長
1996年	自治省行政局行政課長
1997年	自治大臣官房審議官（地方分権推進委員会事務局次長併任）
2000年	自治省退職、松江市長（旧）就任（1期目）
2004年	松江市長（旧）再任（2期目）
2005年	新設合併による新「松江市」初代市長就任（1期目）
2005年	全国市長会副会長就任
2009年	松江市長選挙当選（2期目）
2013年	松江市長選挙当選（3期目）
2017年	松江市長選挙当選（4期目）
2021年	松江市長退任

松浦正敬　松江市長在任期間中の主な出来事

西暦	和暦	月	日	事項
1998	平成10	1	12	田和山遺跡で環濠跡を持つ弥生中期の遺跡を確認
1999	11	6	16	ティファニー庭園美術館、イングリッシュガーデン起工式
2000	12	5	6	宮岡寿雄市長急逝
2000	12	6	18	第12代松江市長に松浦正敬就任
2000	12	9	7	国が中海干拓本庄工区の中止を決定
2000	12	9	11	松江市、田和山遺跡の大部分の保存を表明（2001年8月13日 国史跡に指定）
2001	12	11	16	国勢調査速報値で人口15万人突破（山陰の都市で初）
2001	13	2	28	松江城中櫓・太鼓櫓復元完了
2001	13	3	24	山陰道安来―宍道間開通
2001	13	4	6	松江国際文化観光都市建設法制定50周年記念「国際特別都市建設連盟首長会議」開催

2001	13	4	28	ティファニー庭園美術館開館
2001	13	6	26	第5次松江市総合計画策定
2001	13	7	23	松江フォーゲルパーク開園
2001	13	8	13	田和山遺跡が国指定史跡に指定
2001	13	10	25	ソフトビジネスパーク島根開業
2001	13	12		松江市を訪れた観光客が年間500万人を突破
2002	14	3	25	「エコショップまつえ」開店
2002	14	4		不燃物選別処理施設「エコステーション松江」稼働
2002	14	6	1	島根・鳥取両県知事が宍道湖淡水化事業中止を農水省に回答 これを受けて農水大臣、中止決定
2002	14	9	29	川向リサイクルプラザ「くりんぴーす」完工
2002	14	11	18	「松江・八束合併協議会」設置
2003	15	2	11	「まつえ暖談食フェスタ」開催（～16日）
2003	15	3	25	第10回「優秀観光地づくり賞」金賞国土交通大臣賞・ 国際観光賞ダブル受賞

2003	平成15	10	24	光のイベント「松江水燈路」開催
2003	15	11	3	松江祭鼕行列・武者行列開催
2004	16	3	21	松江市・鹿島町・島根町・美保関町・八雲村・玉湯町・宍道町・八束町の合併協定書調印
2004	16	3	27	「第14回全国椿サミット松江大会」開催（～28日）
2004	16	6	29	「松江市青少年支援センター」オープン
2004	16	8	1	平成16年度全国高等学校総合体育大会開催（～20日）
2004	16	9	26	「ハーン100年祭」開催（～10月2日）
2005	17	3	31	松江市、島根町・鹿島町・美保関町・宍道町・玉湯町・八雲村・八束町が合併し松江市が新たに発足
2005	17	4	25	合併後初の市長に松浦正敬就任
2005	17	8	1	新市立病院、保健福祉総合センターオープン（保健医療福祉ゾーン）
2005	17	8	1	合併記念式典挙行
2005	17	11	8	中海・宍道湖をラムサール条約に新規登録

2005	17			この年、松江市の人口が自然減となる
2006	18	4	1	市民活動センターオープン
2006	18	4	28	松江市・パリ市共催パリ牡丹祭り記念式典（ヴァンセンヌの森パリ花公園）
2006	18	7	15	平成18年7月豪雨災害発生（～24日）
2006	18	7	28	松江市開発交流プラザ（呼称：松江オープンソースラボ）開設
2006	18	10	1	「松江市きれいなまちづくり条例」施行
2006	18	10	8	市民憲章及び市の花・木・魚介の制定
2006	18	10	8	スポーツ都市宣言
2006	18	10	24	島根原子力発電所3号機起工
2007	19	3	18	松江道玉湯工区（バイパス部）開通
2007	19	3	31	ティファニー庭園美術館閉館
2007	19	4	1	島根県立島根女子短期大学・看護短期大学が合併、島根県立大学短期大学部設立。公立大学法人島根県立大学発足

2007	平成19	4	7	松江開府400年祭始まる（2011年12月まで）
2007	19	4	30	松江イングリッシュガーデンオープン
2007	19	6		プロバスケットボールチーム島根スサノオマジック設立（2009年8月bjリーグ加盟決定）
2007	19	7	6	中海市長会の設立
2007	19	8	14	世界陸上2007大阪大会アイルランド選手団が松江市で事前合宿
2007	19	9	12	松江市総合計画策定
2007	19	10	20	松江市・宝塚市姉妹都市提携40周年記念式典開催
2007	19	11	22	八雲国際演劇祭開催
2008	20	8	6	中海市長会シンポジウムの開催
2008	20	9	29	連続テレビ小説「だんだん」放送開始
2008	20	12	2	「子育て環境」全国3位に（「第6回行政サービス調査」より）
2009	21	5	16	ホーランエンヤ挙行（〜24日）
2009	21	6	1	市民生活相談課伺います係を設置

西暦	和暦	月	日	事項
2009	21	6	15	第1回松江市史編纂委員会開催、市史編纂基本計画など決定
2009	21	6	20	屋外運動場芝生化開始
2009	21	10	4	お城サミット開催
2009	21	10	7	中海圏域の定住自立圏に関する協定締結
2009	21	12		島根・鳥取両県知事、大橋川改修事業着手に合意
2009	21	12		大橋川改修事業28年ぶりに再開
2009	21			この年、世界金融危機
2010	22	2	15	松江城国宝化推進室を設置
2010	22	4	1	レジ袋有料化
2010	22	4	25	健康都市まつえ宣言
2010	22	10	16	男女共同参画都市宣言
2010	22	11	23	JFしまね「福浦さわらの会」天皇杯受賞
2010	22	12	31	年末年始大雪災害発生（～23年1月4日）
2011	23	3	11	東日本大震災・東京電力福島第一原子力発電所で甚大事故

2011	平成23	3	19	松江歴史館開館
2011	23	3	19	松江開府400年記念博覧会開幕
2011	23	3	26	新ごみ処理施設「エコクリーン松江」完成
2011	23	4	1	松江市発達・教育相談支援センター「エスコ」開所
2011	23	8	1	松江市が東出雲町を編入合併し、現在の松江市が誕生
2011	23	10	14	日本女性会議2011松江開催（~16日）
2011	23	11	27	鹿島町の「佐陀神能」、ユネスコ無形文化遺産に登録
2012	24	2	5	尾道市と姉妹都市提携
2012	24	3	24	松江縁結び大橋開通
2012	24	4	1	特例市に移行
2012	24	4	1	中海・宍道湖・大山圏域市長会（だんだんサミット）発足
2012	24	5	21	松江城の築城年特定につながる祈祷札が見つかる（5.29公表）
2012	24	10	10	「中村元記念館」オープン

2012	24	10	28	「松江ホーランエンヤ伝承館」オープン
2013	25	3	10	松江だんだん道路（松江ＪＣＴ～川津IC間）全線開通
2013	25	3	30	松江自動車道（宍道ＪＣＴ～三次東ＪＣＴ・IC間）全線開通
2013	25	6	3	「まつえ産業支援センター」開所
2013	25	6	16	松江開府の祖「堀尾吉晴公」の銅像建立
2013	25	11	10	堀川遊覧乗船５００万人達成
2013	25	11	26	縁雫（えにしずく）プロジェクトがアジア都市景観賞を受賞
2013	25	11	30	「怪談のふるさと」宣言
2013	25	12	29	「休日救急診療室」を松江記念病院1階に開設
2014	26	1		平成25年中の観光入込客数１０００万人を突破
2014	26	5	1	共創のまちづくり推進本部設置
2014	26	6	20	ニューオーリンズとの交流が自治体国際交流表彰（総務大臣賞）を受賞
2014	26	9	9	松江市出身プロテニスプレーヤー錦織圭選手、全米オープン男子シングルス決勝進出

西暦	和暦	月	日	事項
2014	平成26			島根県の人口が70万人を割る
2015	27	3	18	中国電力、島根原子力発電所1号機の廃炉決定
2015	27	3	22	尾道松江線「中国やまなみ街道」全線開通
2015	27	3	29	「暮らしやすさ」を金銭価値に置き換えた経済産業省の調査で松江市が「暮らしやすさ日本一」に
2015	27	3		松江市公共施設適正化計画策定
2015	27	5	15	文化審議会が文部科学相に松江城天守の国宝指定を答申
2015	27	6	2	新松江市合併10周年記念式典開催
2015	27	6	30	島根原子力発電所で点検記録の偽造発覚
2015	27	7	8	松江城天守、国宝に指定（官報告示により松江城天守が正式国宝指定。併せて祈祷札2枚、鎮宅祈祷札4枚、鎮物3点が附指定となる）
2015	27	8	22	中国横断自動車道尾道松江線が全線開通
2015	27	8	29	愛知県大口町と姉妹都市提携

２０１５	27	12	11	中海・宍道湖・大山圏域市長会と圏域のブロック経済界がインド南部ケララ州と経済交流拡大の覚書に調印
２０１６	28	4	16	新総合体育館オープン
２０１６	28	6	15	「鷹の爪団のＳＨＩＲＯＺＥＭＥ」がＪＡＣＥイベントアワードで最優秀の経済産業大臣賞（日本イベント大賞）を受賞
２０１６	28	6	19	選挙権年齢が満18歳以上に引き下げられる
２０１６	28	7	10	国政選挙上初の合区で参議院議員選挙実施
２０１６	28	7	16	小泉八雲記念館リニューアルオープン
２０１６	28	11	14	玉湯方面団「第25回全国消防操法大会」優勝
２０１６	28	11	25	玉造温泉温泉総選挙２０１６「環境大臣賞」「うる肌部門1位」受賞
２０１７	29	3	21	市立病院がんセンターオープン
２０１７	29	6	22	ＪＲ西日本トワイライトエクスプレス瑞風松江市での立寄観光開始
２０１７	29	12	22	島根半島・宍道湖中海ジオパーク日本ジオパーク認定

2018	平成30	4	1	中核市に移行
2018	30	4	1	松江市・島根県共同設置松江保健所開設
2018	30	4	1	不昧公200年祭開幕
2018	30	4	24	茶の湯の日制定
2018	30	4		FIMBA2018松江大会
2018	30	5	13	「島根半島・宍道湖中海ジオパーク松江ビジターセンター」オープン
2018	30	8		松江城天守展示と武家屋敷のリニューアル
2018	30	8		第28回世界少年野球大会松江大会
2018	30	9		松江流おもてなし宣言
2018	30	10	25	「松平治郷（不昧公）研究会」発足
2018	30	11	1	島根県教育委員会、松江市内の普通科をもつ県立高校3校の通学区制、2021年度に廃止方針決定
2018	30	12	2	国宝松江城マラソン初開催
2019	31	3	28	「松江市文書館（仮称）整備構想」策定

2019	令和1	5	18	松江城山稲荷神社式年神幸祭ホーランエンヤ（26日まで）
2020	2	2		この頃から、全国的な新型コロナウイルス感染症拡大により、松江市内でも対策が始まる
2020	2	3	31	松江市史編纂完結
2020	2	4	16	新型コロナウイルス感染症による緊急事態宣言が全都道府県に拡大
2020	2	7	8	松江城天守国宝指定5周年記念式典
2021	3	2	16	新庁舎建設工事起工式
2021	3	3	30	「松江の文化力を生かしたまちづくり条例」制定、「松江市伝統文化芸術振興計画」策定
2021	3	4	21	松江市メールマガジン「松江市長からのメッセージ」完結、最終450号
2021	3	4	23	松浦正敬松江市長退任（在任期間20年10か月）

回顧録 松江市政20年

二〇二四年二月一日発行

著者 松浦正敬

発行 ハーベスト出版
〒六九〇―〇一三三
島根県松江市東長江町九〇二―五
TEL 〇八五二―三六―九〇五九
FAX 〇八五二―三六―五八八九
URL:http://www.tprint.co.jp/harvest/

印刷
製本 株式会社谷口印刷

Printed in Shimane Japan
ISBN978-4-86456-499-1 C0031